Texte • Medien

Anke de Vries

Eine Brücke für Judith

oder: Verhängnisvolles Schweigen

Deutsch von Rolf Erdorf

Schroedel

Texte • Medien

»Eine Brücke für Judith« von Anke de Vries

Übersetzung: Rolf Erdorf, Hamburg

Titel der Originalausgabe: Blauwe plekken

Herausgegeben von Ingrid Hintz

Materialteil erarbeitet von Simone Depner

Das Texte • Medien -Programm zu »Eine Brücke für Judith«:
978-3-507-47052-1 Textausgabe mit Materialien
978-3-507-47352-2 Lesetagebuch
978-3-507-47252-5 Informationen für Lehrerinnen und Lehrer
Informationen und Materialien im Internet: **www.schroedel.de/textemedien**

ISBN 978-3-507-47052-1

Nach gültiger Rechtschreibung 2006

Druck A [1] / Jahr 2007

Alle Drucke der Serie A sind im Unterricht parallel verwendbar.

Redaktion: Stefanie Hein
Herstellung: Christiane Gmelin
Umschlaggestaltung und Lay-out: JanssenKahlert Design, Hannover
Umschlagfoto: Frederike Wetzels/Buchcover.com
Satz: Bock Mediengestaltung, Hannover
Druck: pva, Landau

INHALT

Anke de Vries

Eine Brücke für Judith
oder: Verhängnisvolles Schweigen

Kapitel 1 7
Kapitel 2 12
Kapitel 3 22
Kapitel 4 33
Kapitel 5 48
Kapitel 6 58
Kapitel 7 68
Kapitel 8 75
Kapitel 9 87
Kapitel 10 96
Kapitel 11 104
Kapitel 12 116
Kapitel 13 126
Kapitel 14 131
Kapitel 15 139
Kapitel 16 145
Kapitel 17 153
Kapitel 18 160
Kapitel 19 167
Kapitel 20 175
Kapitel 21 181
Kapitel 22 190
Kapitel 23 199

Materialien

Die Autorin Anke de Vries 208
Was ist Kindesmisshandlung? 209
Mädchen musste aus Hundenapf essen 212
Vernachlässigung. Neunjähriger wird
in kalte Kammer gesperrt 212
Hinweise zum Umgang mit Gewalt 214
Wege zur Selbstbehauptung –
Das Neinsagen lernen 216
Kinder haben Rechte 218
UNICEF: Anwalt der Kinder 221
Interview mit Bundesfamilienministerin
Ursula von der Leyen 226
Hilfe statt Gewalt 230
Suzanne Vega: Luka 231
Dave Pelzer: Sie nannten mich „Es“ *(Textauszug)* 233

Textquellen 239
Bildquellen 240

Bevor du dieses Buch liest ...

Es gibt viele Jugendliche, die gern Bücher lesen, aber auch viele, die gar nicht oder nur ungern lesen. Das ist schade, denn wer liest, nimmt teil an den Lebensgeschichten, Erlebnissen, Problemen, Gedanken und Gefühlen der Buchfiguren. Deshalb sagt man: Wer liest, lebt doppelt.

In diesem Buch wird die Geschichte von Judith erzählt, die in der Klasse immer abseitssteht; häufig ist sie krank. Sie kümmert sich um den Haushalt und ihren kleinen Bruder, um ihre alleinerziehende Mutter zu entlasten. Doch genügt sie nie den Ansprüchen der Mutter und wird aus den geringsten Anlässen von ihr verprügelt. Die Situation wird immer unerträglicher. Erst durch die Freundschaft zu ihrem Mitschüler Michiel entwickelt Judith etwas mehr Selbstvertrauen und kann der familiären Hölle vielleicht sogar entfliehen ...

Das Buch erscheint in der Reihe **Texte.Medien** des Schroedel-Verlags. Die Bücher dieser Reihe wollen zum Lesen motivieren – im Unterricht in der Schule, aber auch zu Hause in der Freizeit. Sie wollen die Freude am Lesen steigern und „Lust auf mehr Bücher" machen.

Zu diesem Buch gibt es ein **Lesetagebuch**, das dabei helfen soll, sich selbstständig – individuell und gemeinsam mit anderen, die ebenfalls dieses Buch lesen – mit dem Inhalt und den Personen auseinanderzusetzen.

Viel Freude beim Lesen des Buches!

ANKE DE VRIES

Eine Brücke für Judith

oder: Verhängnisvolles Schweigen

1

Es war wieder so weit. Judith hörte es schon daran, wie die Haustür ins Schloss fiel, an den Schritten auf der Treppe. Ihr Atem stockte, und ihr Blick schweifte gehetzt durchs Zimmer. War alles in Ordnung? Gab es nichts, was auffiel? Das war das Wichtigste. Nichts durfte auffallen; sie selbst am allerwenigsten.

Ihr kleiner Bruder Dennis stapelte einen Turm aus Bauklötzen. Er war so in sein Spiel vertieft, dass er die Schritte nicht einmal hörte. Oder lag es an der Musik ... Das Radio! Judith schnellte hoch und schaltete nervös das Gerät aus. Zu spät! Ihre Mutter stand schon in der Türöffnung, noch im Mantel.

„Mama, Mama!“ Dennis ließ seine Bauklötze sofort liegen und rannte mit ausgestreckten Armen auf sie zu.

Die Miene ihrer Mutter veränderte sich; das geschah immer, wenn sie Dennis sah. Sie nahm ihn hoch und drückte ihn.

„Das nenne ich mir ein herzliches Willkommen“, sagte sie.

Dennis schlang seine Arme um sie und drückte ihr klebrige Küsse auf die Wangen.

„Tag, Mama“, murmelte Judith. Sie stand bloß da und schaute zu, die Arme hingen ihr schlaff am Körper herab. Sie sah, wie Dennis die Kämme aus dem Haar ihrer Mutter zog und sie in seine eigenen dunklen Locken steckte.

„Dennis schöön“, krähte er und lachte.

„Verrückter kleiner Bengel, gib mir die Kämmchen wieder!“

Aber Dennis strampelte sich los und rannte in die Küche. „Dennis Mamas Kämmchen“, schrie er ausgelassen.
Das Haar fiel ihrer Mutter jetzt strähnig ins Gesicht; es war blond, genauso wie Judiths. Sie ging zu dem Schubladenschrank und suchte ein Gummi, um es zusammenzubinden.
„Was stehst du da und guckst Löcher in die Luft? Hast du nichts Besseres zu tun?“, raunzte sie in Judiths Richtung. Schnell rückte Judith wieder an den Tisch. Dumm, dass sie sich nicht schon früher hingesetzt hatte. Sie beugte sich über ihr Heft, um den Aufsatz für morgen weiterzuschreiben. „Ein freier Nachmittag“ hatte sie sich als Thema ausgesucht. Sie hatte schon eine halbe Seite geschrieben, aber auf einmal war ihr Kopf völlig leer, ihr fiel nichts mehr ein. Ihre Mutter zog ungeduldig den Mantel aus und warf ihn über einen Stuhl. Das sollte sie einmal wagen!

raunzen *hier: unzufrieden nörgeln, laut schimpfen*

„Du hältst mich wohl für blöd, wie? Glaubst wohl, ich hätte nicht gehört, dass das Radio lief!“
Judiths Herz klopfte. Sie hatte wirklich gehofft, es wäre ihrer Mutter entgangen. Was sollte sie tun? Sollte sie schweigen oder etwas sagen? Beides würde falsch sein, das wusste sie schon jetzt. Dennis hatte an dem Radio gedreht, und dann war eine so heitere Melodie gekommen, dass sie es nicht sofort wieder abgestellt hatte. Danach hatte sie mit ihrem Aufsatz angefangen und das Radio vergessen.
„Antworte!“
„Dennis...“, stammelte Judith. „Dennis hat am Radio gedreht und ...“
„Weißt du, was an dir so falsch ist?“, unterbrach ihre Mutter sie scharf, „dass du so einem kleinen Jungen immer die Schuld gibst. Du weißt genau, ich will nicht, dass das Radio läuft. Wir bekommen sonst Ärger mit den Nachbarn.“
„Es lief überhaupt nicht laut. Wirklich nicht.“

„Du wirst mir doch nicht widersprechen, wie?“ Ihre Mutter kam auf sie zu. Judith zuckte automatisch zusammen und bedeckte ihren Kopf mit den Armen, doch nichts geschah. Unruhig wartete sie ab.

„Du immer mit deiner Heimlichtuerei“, zischte ihre Mutter, „diese ewige Verlogenheit, mir wird speiübel davon.“

Sie verschwand in die Küche; es sah aus wie eine Flucht.

Judith hörte, wie der Wasserhahn lief. Sie wusste, dass ihre Mutter sich jetzt die Handgelenke kühlte und sich das Gesicht wusch.

Dennis kam wieder ins Zimmer getapst. „Spielen, spielen ...“, quengelte er und zog Judith am Pullover.

Schwerfällig erhob sie sich. Verrückt, ihre Arme und Beine waren immer wie Blei, wenn Mama sich in solch einer Stimmung befand. Wie lange würde es dieses Mal dauern? Diese Unsicherheit zu ertragen war manchmal das Schlimmste.

Aber heute verlief es anders als sonst: Ihre Mutter blieb in der Küche. Sie hatte das Radio mitgenommen und hörte Nachrichten. Nicht lange, und sie schaltete einen anderen Sender ein. Jetzt erklang Musik, laute Musik; das Radio war viel lauter als vorhin.

Judith klappte ihr Heft zu; den Aufsatz würde sie nach dem Essen fertigschreiben. Jetzt ging es sowieso nicht. Zuerst musste sie Dennis‘ Spielsachen wegräumen und ihn in die Wanne stecken.

Sie hob alles vom Fußboden auf und packte es in die Spielzeugkiste. Dennis war zum Glück nicht lästig. Er versuchte sogar mitzuhelfen.

Danach nahm Judith ihn mit ins Bad, wo sie die Plastikwanne mit Wasser füllte. Dennis holte seine Schwimmente und fing an, sich auszuziehen. Mit seinen molligen kleinen Fingern pulte er an den Knöpfen seines Hemds. Das war zu schwer. Dann eben die Schuhe, das konnte er schon.

Als Judith einen Moment nicht hinschaute, warf er einen Schuh in die Wanne.
„Schuh auch schwimmen“, brabbelte er triumphierend.
„Ach, Dennis, was tust du da!“, rief Judith und fischte den klatschnassen Schuh aus dem Wasser.
„Schuh auch Entchen“, sagte Dennis.
Dabei sah er sie so strahlend an, dass Judith lachen musste. Manchmal konnte man ihm einfach nicht böse sein.
Plötzlich bemerkte Judith ihre Mutter in der Tür. Sie hatte sie nicht kommen hören, weil der Wasserhahn lief. Den tropfnassen Schuh konnte sie nicht verstecken: Ihre Mutter hatte ihn schon gesehen. Wütend riss sie ihr den Schuh aus der Hand.
„Das machst du absichtlich, bloß um mich zu ärgern. Ausgerechnet seine neuen Schuhe!“ Sie zog Judith aus dem Bad und schüttelte sie.
„Nein, Mama ...“ Judiths Stimme klang klein und verzweifelt. „Wirklich nicht!“
Der Schlag ins Gesicht traf sie hart. Dann eine Ohrfeige auf die andere Seite. Judith versuchte, den folgenden Schlägen auszuweichen.
„Nicht, Mama“, flehte sie, „nicht ...“
Ihre Mutter zog sie grob an den Haaren. Nur nicht schreien, schreien durfte sie auf keinen Fall. Dann würde die Mutter noch blindwütiger zuschlagen.

blindwütig *rücksichtslos, wütend*

„Du gemeiner Quälgeist!“ Jetzt hagelte es Schläge und Hiebe. Judith spürte, wie etwas Warmes ihre Lippen entlangrann. Ihr Kopf fiel hin und her.
Sie öffnete den Mund, um zu schreien, brachte aber keinen Ton heraus. Ihr Schrei wurde von eisernen Händen erstickt, die ihr den Hals zudrückten. Sie erstickte, erstickte und brachte nur noch gurgelnde, würgende Geräusche heraus.
„Mama, Mama ...“ Ein dünnes Stimmchen, das von weit her

zu kommen schien. Die Hände ließen los, Judith schlug zu Boden, wo sie nach Luft ringend liegenblieb.

Wie durch einen Schleier sah sie ihre Mutter über sich, groß und bedrohlich, sie schien bis zur Decke zu reichen.

Und da war Dennis, mit schreckgeweiteten Augen.

„Mama böse?“ Seine Lippen zitterten.

Etwas im Gesicht von Judiths Mutter geriet in Bewegung.

Sie bückte sich und schloss ihn verzweifelt in die Arme.

Dennis trat wild um sich.

Plötzlich ließ sie ihn los und verschwand in die Küche.

Judith rappelte sich auf und wankte zur Dusche. Ihre Hände zitterten, als sie sich das Blut abwischte, das aus ihrer Nase tropfte. Wenn die Nase nur nicht zu sehr anschwoll. Dann würde sie wieder ein paar Tage zu Hause bleiben müssen.

Sie versuchte, das Blut mit kaltem Wasser zu stillen. Ihr Hals schmerzte, als sie den Kopf in den Nacken legte.

„Judith aua?“, fragte Dennis scheu.

„Nein ... nein.“

Ihre Stimme klang heiser und fremd, wie die von jemand anderem. Ich sehe ja auch aus wie jemand anders, durchzuckte es sie, als sie ihr Gesicht im Spiegel betrachtete.

Langsam zog sie Dennis aus und steckte ihn in die Wanne.

Er saß ganz still und ließ sich fügsam waschen. Er spielte nicht einmal mit seiner Ente.

„Judith lieb“, sagte er ernst.

Judith musste durch ihre Tränen hindurch lachen. Es wurde ein seltsames, schiefes Grinsen.

„Judith lieb“, wiederholte Dennis. Er schlang seine nassen Ärmchen um sie und gab ihr einen Kuss auf die Nase. Nur mit Mühe konnte sie einen Schmerzensschrei unterdrücken.

2

Judith lauschte dem Regen, der auf die Dachpfannen tropfte. Das eintönige Geräusch beruhigte sie etwas. Sie zitterte. In ihrem Dachzimmer war es kalt und feucht. Nur ihre Wangen glühten, als hätte sie Fieber.

Sie betastete ihr Gesicht. Ihre Nase hätte schlimmer sein können; mit etwas Glück würde morgen nichts mehr zu sehen sein. Nur die Quetschungen an ihrem Hals würden nicht so schnell verschwinden.

Und morgen hatte sie Sport ... Musste sie sich halt wieder eine Ausrede einfallen lassen, wie beim letzten Mal, als sie so viele blaue Flecke gehabt hatte. Zum Glück war sie noch nicht lange auf dieser Schule. So würde es vielleicht nicht auffallen. Doch es störte sie, den Lehrer anzulügen, er war nämlich sehr nett.

Auf einmal fiel Judith der halbfertige Aufsatz ein. Auch das noch! Und ihr Heft lag unten.

Judith drehte sich auf die andere Seite. Sie war erleichtert, dass sie im Bett lag. Das Abendessen war still verlaufen. Nur Dennis hatte ab und zu in seiner Kindersprache gebrabbelt und seine Mutter forschend angesehen; auch er spürte die angespannte Atmosphäre.

Atmosphäre *hier: Stimmung*

Sie hatte kaum einen Bissen herunterbekommen, hatte aber aus Furcht vor einem neuen Ausbruch auch nicht abzulehnen gewagt.

Nach dem Essen hatte sie Dennis zu Bett gebracht und war danach schnell auf ihr eigenes Zimmer gegangen.

Totenstill lag sie da, als ihre Mutter später am Abend nach oben kam. Die Tür ging leise auf; Schritte durchquerten ihr Zimmer und hielten vor ihrem Bett inne. Eine Stimme flüsterte: „Schläfst du?"

Judith hatte die Augen geschlossen und tat, als schliefe sie.

Das war sehr schwer, wenn einem das Herz dabei so raste. Dann die Erleichterung, als die Schritte sich endlich wieder zur Tür bewegten.

Judith hatte nie verstanden, weshalb Mama in ihr Zimmer kam, nachdem sie sie so verprügelt, hatte. Wollte sie sich vergewissern, dass sie nicht tot war? Wenn sie merkte, dass sie noch atmete, ging sie wieder.

Sie verstand auch nicht, weshalb Mama nur sie schlug und Dennis nicht. Sie gab sich wirklich alle Mühe, ihrer Mutter zu helfen, aber nie machte sie es ihr recht. Und häufig war sie dermaßen angespannt, dass sie gerade deswegen etwas falsch machte. Dann sagte Mama, sie täte das mit Absicht, um sie zu ärgern, so als hätte sie es nicht schon schwer genug.

Judith konnte die Leier ihrer Mutter längst auswendig: Dass es nicht leicht sei, als Alleinstehende für zwei Kinder aufzukommen. Mit allem stünde sie allein da. Ihr erster Mann sei ein Nichtsnutz gewesen. Sie sei froh, ihn vom Hals zu haben, sterbenskrank habe sie der Kerl gemacht und dann habe er ihr noch ein Kind angedreht. Und Onkel Ben, Dennis' Vater. Schöne Reden führen, das könnte er, aber einem helfen, vergiss es! Ja, ab und zu schiebe er etwas Geld für Dennis rüber, aber nie genug, er wohnte nämlich schon wieder bei einer anderen, die alles für sich beanspruchte. „Die Frau ist schlauer als ich", meinte Mama dann und lachte verächtlich, „ich bin immer dumm genug und lasse mir auf der Nase herumtanzen ..."

die Leier
hier: Gejammer

Judith hatte ihren Vater nie gesehen, nicht einmal ein Foto. Mama hatte alle Fotografien zerrissen, so als wollte sie vergessen, dass es ihn gab. Eigentlich seltsam, dachte Judith oft, ich weiß nicht einmal, ob ich ihm ähnlich sehe. Sie wagte auch nicht danach zu fragen. Von Onkel Ben dagegen hatte Mama noch Fotos. Der war eigentlich ganz nett gewesen; nur schade, dass er und Mama zuletzt so viel Streit gehabt hatten. Einmal hatte er sogar ihre Partei ergriffen, als Mama sie geschlagen hatte. Das war lange her, vor Dennis' Geburt.

Sie hatten ihn nicht hereinkommen hören. Mutter drosch auf sie ein, und da hatte Onkel Ben sie festgehalten und geschrien: „Was ist denn mit dir los? Du wirst das Kind noch totschlagen!"

„Kümmere du dich um deine Sachen", schrie Mama, und dann bekamen sie ihretwegen Streit, ganz furchtbaren Streit sogar.

„Du bist nicht ganz dicht, du!", brüllte Onkel Ben. „Du bist total gestört! Immer hackst du auf dem Kind herum, dabei macht sie doch überhaupt nichts!"

„Woher willst du wissen, dass sie nichts macht? Du treibst dich ja bloß herum!"

„Als ob es hier so gemütlich wäre! Du beklagst dich und meckerst den ganzen Tag herum. Nichts ist dir recht."

Judith war aus dem Zimmer geflüchtet, und später war Onkel Ben zu ihr gekommen und hatte gesagt: „Wir beide machen morgen einen Ausflug. Mama ist etwas überdreht und braucht mal einen Tag Ruhe."

Sie waren in den Zoo gegangen. Diesen Ausflug würde sie nie vergessen. Onkel Ben hatte Erdnüsse für die Affen gekauft, und sie durfte so lange bei den Giraffen bleiben, wie sie wollte; die gefielen ihr nämlich am besten. Und zu ihrem Geburtstag hatte Onkel Ben ihr ein Bilderbuch mit Giraffen gekauft. Darin blätterte sie auch jetzt noch häufig.

Onkel Ben hatte sie an diesem Nachmittag gefragt, ob Mama sie oft so schlage. Darauf zu antworten, war sehr schwierig gewesen. Wenn sie ja sagte, hätten Mama und

Onkel Ben wieder Streit bekommen. Also sagte sie nein.

„Wie bist du denn neulich zu den blauen Flecken an deinen Beinen gekommen?“ Sie fühlte, wie sie rot wurde, und murmelte, sie sei hingefallen.

Da hob Onkel Ben sie auf einmal hoch und drückte sie an sich vor aller Augen. Sie fand es peinlich und schön zugleich.

„Mama ist sehr lieb“, sagte sie. „Du findest Mama doch auch lieb?“

„Meistens schon, aber manchmal könnte ich sie glatt an die Krokodile verfüttern.“

Sie standen gerade bei den Krokodilen, die still mit ihren runden Augen lauerten. Judith lachte zittrig.

„Stell dir vor, die eigene Mutter an die Krokodile zu verfüttern ...“

Und trotz allem war Onkel Ben fortgegangen, einfach so an einem Donnerstagabend. Es hatte nicht einmal Streit gegeben.

Mama war erst sehr beunruhigt gewesen und danach wütend geworden. In den Tagen, die folgten, konnte Judith ihr nichts recht machen und bekam schlimmere Prügel als je zuvor. Eines Abends hatte Mama sie so heftig geschlagen, dass sie mit dem Kopf gegen einen Schrank fiel.

An das, was danach geschehen war, konnte sie sich nicht mehr erinnern; nur, dass sie auf dem Sofa lag. Mama hatte nervös versucht, das Blut aus ihrer Wunde am Kopf zu stillen, und gefragt, wie sie sich fühlte.

Judith wollte sagen, es ginge ihr gut, aber das stimmte nicht; ihr war schlecht geworden, und sie musste sich übergeben. Sie konnte auch kein Licht ertragen, das schmerzte in ihren Augen.

Ein Arzt kam, ein anderer als beim vorigen Mal. Mama rief jedes Mal einen anderen Arzt, keiner war ihr gut genug.

Vorher hatten sie besprochen, was sie dem Arzt sagen würden: dass sie die Treppe hinuntergefallen sei.
„Treppe?“, hatte sie undeutlich gemurmelt. Sie wohnten damals noch in einem Hochhaus, in dem sie nur den Fahrstuhl benutzten.
„Die Treppe bei deiner Tante.“
„Welche Tante?“
„Tante Liesbeth.“
Aber Tante Liesbeth wohnt doch in Kanada, dachte sie.
Der Arzt kam also, und ihre Mutter hatte das Wort. Wie betäubt ließ Judith den Wortstrom an sich vorüberziehen; es klang alles sehr glaubhaft.
Sie, Judith, sei von der Treppe gefallen, von so einer scheußlich steilen Treppe. Und dann sei sie auch noch mit dem Kopf gegen einen Schrank geschlagen, der unten im Flur stand.
Besorgt verfolgte ihre Mutter die Untersuchung.
„Es ist doch nichts Ernstes, nicht wahr, Herr Doktor? Ja, sie hat sich allerdings übergeben, und sie klagt noch immer über Übelkeit. Eine Gehirnerschütterung, sagen Sie? Ach, das arme Kind ...“
Sie strich Judith über den Kopf. Sah sie recht, oder bildete sie sich das ein? In Mamas Augen glänzten Tränen.
Der Arzt fragte, weshalb sie nicht ihren Hausarzt gerufen hätten. Mama wusste für alles eine Antwort. Sie seien gerade erst umgezogen, daher. Das war eine Lüge.
„Du wirst ein Weilchen Ruhe brauchen, Mädel“, sagte der Arzt, „du hast einen hässlichen Sturz getan.“ Er untersuchte die Wunde an ihrem Kopf.
„Das heilt schon wieder, deine Mutter hat sie gut gesäubert. Sei aber in Zukunft mit Treppen etwas vorsichtiger, ja?“, sagte er freundlich und gab ihr die Hand.
„Ja, Herr Doktor“, antwortete sie.

Ihre Mutter war danach sehr lieb gewesen. Sie war sogar ein paar Tage zu Hause geblieben. Eines Nachmittags, Mama schälte ihr gerade einen Apfel, hatte Judith zu weinen angefangen.

„Was ist denn jetzt schon wieder?", fuhr ihre Mutter sie an. Judith wollte sagen, dass sie sie lieb fand, sehr lieb, aber sie brachte nur ein unverständliches Gestammel heraus.

„Dir ist auch nie etwas recht", schalt ihre Mutter. Sie schmiss den halb geschälten Apfel auf den Boden und knallte die Tür hinter sich zu.

schelten *schimpfen*

Von dem Augenblick an lief wieder alles falsch.

„Du stellst dich an", warf ihre Mutter ihr vor, „du kannst sehr wohl aufstehen. Ich habe nicht die Absicht, dir meinen gesamten Urlaub zu opfern."

Ihre Mutter ließ auch niemanden zu ihr. Ein paar Kinder aus ihrer Klasse wollten sie besuchen, aber sie durften nicht hereinkommen.

„Es ist zu anstrengend für Judith", sagte sie. Sogar die Lehrerin bekam eine Absage, und als sie zum zweiten Mal anrief, sagte ihre Mutter: „Ach, das lohnt nicht mehr. Judith kommt demnächst wieder zur Schule."

Judith hatte alles getan, um ihre Mutter zufriedenzustellen. Sie war aufgestanden, obwohl ihr noch schwindlig war und sie Kopfschmerzen hatte; ein dumpfes Klopfen über ihren Augen, das seit dieser Zeit regelmäßig wiederkehrte.

Judith verglich diese Anfälle mit den „Launen" der Mutter: Sie waren genauso wenig vorherzusagen. Ganz plötzlich traten die Schmerzen auf. Ihr Hals wurde steif, und das Licht quälte sie. Diese Schmerzen erschöpften Judith; es kostete sie furchtbare Anstrengung, sich in der Schule auf den Unterricht zu konzentrieren. Die Worte drangen manchmal kaum mehr zu ihr durch.

Immerhin waren diese Kopfschmerzen oft eine gute Entschuldigung, nicht am Sportunterricht oder am Schulschwimmen teilzunehmen. Auf diese Weise konnte sie die blauen Flecken oder die Striemen auf ihrem Rücken und auf den Armen verbergen.

Judith drehte sich wieder um und grübelte erneut über ihren Aufsatz nach. Sollte sie hinuntergehen und das Heft holen? Dann könnte sie ihren Aufsatz jetzt noch zu Ende schreiben. Unentschlossen blieb sie eine Weile im Bett sitzen. Wenn sie ganz leise die Treppe hinunterschlich, konnte sie an dem Lichtstreifen unter der Wohnzimmertür sehen, dass ihre Mutter noch auf war.
Geräuschlos glitt Judith aus dem Bett. Auf Zehenspitzen schlich sie zum Flur. Im Haus herrschte Totenstille, nur die Geräusche von der Straße waren undeutlich zu hören: ein anfahrendes Auto; ein unverständlicher Ruf.
Jetzt die Treppe. Sie wusste genau, welche Stufen knarrten. Mit angehaltenem Atem spähte sie zur Tür. Kein Lichtspalt; ihre Mutter war also zu Bett gegangen.
Einen Moment lang zögerte sie noch. Ihre Hand fasste schon zum Türgriff, zuckte dann aber plötzlich zurück. Hinter der Tür erklang ein unterdrücktes Schluchzen.
Judith blieb reglos stehen. Es war ihre Mutter, die weinte; es klang verlassen und hilflos. Sie vergaß, wozu sie gekommen war, und erst als sie ein Poltern vernahm, drehte sie sich rasch um und schlich wieder hinauf.
Zitternd kroch sie unter ihre Decke. Mutter weinte bestimmt ihretwegen, weil sie ihr immer Kummer bereitete, auch wenn sie nicht verstand, weshalb. Wäre sie bloß so wie Dennis, dachte sie manchmal eifersüchtig, der machte ihre Mutter nie wütend.

Judith lauschte dem eintönigen Prasseln des Regens auf dem Dach. Eigentlich müsste sie unter die Stelle, wo es immer durchregnete, einen Eimer stellen.
Eigentlich sollte sie ... ja, sie müsste ...
Judith versank in einen traumlosen Schlaf.

Was sie einige Stunden später hochschrecken ließ, wusste sie nicht. Um sie herum war es dunkel und still, draußen regnete es nicht mehr.
Sie sah auf den Wecker: Viertel vor fünf.
Judith verkroch sich tief unter ihre Decke. Was war das? Nass! Hatte es in ihr Bett geregnet? Während sie sich aufsetzte, wusste sie plötzlich, was geschehen war. Sie hatte ins Bett gemacht.
Sie schlug die Decke zurück; ein säuerlicher Geruch stieg ihr entgegen. Ihre Schlafanzughose war klatschnass.
Eilends knipste sie die Lampe neben ihrem Bett an. Sie fühlte Tränen aufsteigen, als sie den großen, dunklen Fleck auf dem Laken sah.
Das hier durfte ihre Mutter nicht entdecken, sonst setzte es was.
Zitternd zog sie sich die Schlafanzughose aus. Danach besah sie die Bettdecke. Die war zum Glück nur an einer kleinen Stelle nass, aber um das Laken und die Matratze war es schlimmer bestellt. Judith zog das Laken ab. Auf der Matratze grinste ihr ein großer, dunkler Fleck entgegen. Was, wenn sie sie einfach umdrehte? Nein, nicht jetzt. Ihr Zimmer war genau über dem von Dennis und ihrer Mutter. Wenn sie Lärm machte, würde Mama aufwachen.
Sie beschloss, auf dem Fußboden zu schlafen, dann konnte die Matratze trocknen. Vorsichtig breitete Judith die Bettdecke aus und wickelte sich hinein. Es war zwar hart und

kalt, aber das war nicht das Schlimmste. Wie sollte sie das hier vor ihrer Mutter verbergen?
Sie würde die Matratze umdrehen und das Bettlaken und ihren Schlafanzug morgen im Waschsalon waschen. Die Waschmaschine zu Hause wagte sie nicht zu benutzen, die durfte sie nicht anfassen. Mama schaltete sie immer selbst ein, und sie musste nur die Wäsche herausholen und aufhängen.
Judith warf einen Blick auf den Wecker. Viertel nach fünf. Es würde noch eine Weile dauern, ehe es hell wurde.

Als sie aufwachte, verstand sie zuerst nicht, weshalb sie auf dem Fußboden lag. Ein Blick auf die Matratze, und sie erinnerte sich an alles. Eilig stand sie auf und sah aus dem Fenster. Es würde schönes Wetter werden. Judith seufzte. Der Rollkragenpullover, den sie anziehen wollte, um die Quetschung an ihrem Hals zu verbergen, würde ziemlich auffallen.
Unten hörte sie schon Dennis' Trippelschritte und Mamas Stimme.
Rasch drehte Judith die Matratze um. Darüber breitete sie sorgfältig ihre Bettdecke. So sah alles ganz normal aus. Das Bettlaken und ihre Schlafanzughose versteckte sie im Schrank.
Am liebsten hätte sie eine Dusche genommen, aber das würde bestimmt Fragen geben, weil sie sich immer abends wusch. Der Hals tat ihr immer noch weh, besonders wenn sie den Kopf drehte. Im Zimmer gab es keinen Spiegel, aber sie konnte sich auch so vorstellen, wie die Quetschungen aussahen.
Schnell schlüpfte sie in ihre Jeans und suchte den Rollkragenpullover heraus. Sie hoffte, dass Diana, die in der Klasse neben ihr saß, deswegen keine Bemerkungen machen würde.

Judith atmete erleichtert auf. Ihrer Mutter fiel nichts Ungewöhnliches auf. Sie benötigte ohnehin ihre gesamte Aufmerksamkeit für Dennis, den sie antrieb, schneller zu essen. Sein Getrödel am Morgen brachte ihre Mutter selten in Rage; sie kalkulierte das mit ein und stand eine halbe Stunde früher auf.

Rage *unbeherrschte Wut*

Heimlich beobachtete Judith das Gesicht ihrer Mutter; es zeigte nicht die geringste Spur von Kummer. Womöglich hatte sie sich gestern abend bloß eingebildet, dass sie weinte. Jetzt hatte sie ihr normales Morgengesicht, ein hastiger Blick auf die Uhr, eine Sorgenfalte für Dennis und kein Blick für sie.

einkalkulieren *einrechnen*

Für Mama existiere ich gar nicht wirklich, dachte Judith. Wenn sie versuchte, die Aufmerksamkeit ihrer Mutter auf sich zu ziehen, setzte es Schelte. „Stell dich nicht an", hieß es dann oder: „Hast du nichts Besseres zu tun?"

„Würdest du ... würdest du einen Brief schreiben?", fragte Judith leise. „Wir haben heute Sport."

Ihre Mutter antwortete nicht, sondern ging zu dem Schubladenschrank, in dem ihr Schreibblock lag.

Judith wusste schon, was sie schreiben würde:

„Judith kann am Sportunterricht nicht teilnehmen, weil sie Kopfschmerzen hat.
Freundliche Grüße, E. van Gelder."

Wortlos wurde der Brief neben ihren Teller gelegt.

3

Judith radelte in schnellem Tempo zur Schule, sie hatte Angst, sich zu verspäten. Bei jeder Bewegung taten ihr Hals und Schultern weh. Ihr wurde warm. Der dicke Rollkragenpullover kratzte fürchterlich.

Trotz der winterlichen Jahreszeit war es schon so mild wie im Frühjahr.

„Meine Güte, du fährst vielleicht schnell!" Hinter sich hörte sie Dianas keuchende Stimme.

Judith bremste etwas ab. Kurz darauf fuhr Diana auf ihrem funkelnagelneuen Fahrrad neben ihr. Diana selbst glänzt genauso wie ihr Rad, dachte Judith oft; sie trug Chiffonjacken und glänzende Jogginganzüge, und sogar ihre Zahnspange blitzte, wenn sie lachte. Neben Diana kam Judith sich sehr farblos vor. Außerdem stellte sie oft unangenehme Fragen.

Chiffonjacke *Jacke aus edlem, seidigem Stoff*

„Erstickst du nicht in dem Rollkragenpullover?" Na also, da ging es schon los. „Ich verstehe nicht, dass du dich mit so einem blöden Pullover in die Schule traust", fing sie etwas später wieder an, als sie zum Fahrradständer kamen.

„Ich würde mich nie so zum Gespött machen."

„Tust du aber schon die ganze Zeit!"

Es war Michiel, der sein Fahrrad ein Stück weiter in den Ständer stellte. Er grinste Diana breit an.

„Blöder Kerl", schimpfte Diana mit rotem Kopf, sie war heimlich in ihn verliebt.

Michiel war nach den Sommerferien in ihre Schule gekommen. Er war älter als die anderen und auch größer. Seine Stimme überschlug sich manchmal eigenartig, und dann musste die ganze Klasse lachen, Michiel selbst auch.

„Eine Oktave daneben", piepste er dann.

Oktave *Tonsprung von 8 Tönen*

Michiel war wortblind. Er hatte es sofort erzählt, schon am ersten Tag.

„Ich bin dyslektisch“, hatte er gesagt, „deshalb bin ich größer als ihr.“
„Was ist das?“, hatte Eva gefragt.
„Das bedeutet, dass du schneller wächst“, sagte Diana, die immer so tat, als wüsste sie alles.
„Zufällig nicht“, sagte Michiel. „Zufällig bedeutet das etwas anderes. Dyslektisch heißt wortblind. Man kann nicht gut lesen oder schreiben. Sie haben zuerst geglaubt, ich wäre dumm, aber das bin ich zufällig nicht. Ich habe bloß eine Art Störung up-hier.“
Michiel tippte sich gegen die Stirn.
„Merkt man weiter überhaupt nicht“, sagte jemand, „aber sonst bist du nicht blind?“
„Mit den Augen hat es nichts zu tun. Bloß Lesen und Schreiben klappt nicht so gut.“
„Ich habe neulich so etwas im Fernsehen gesehen“, erzählte Robert. „Da war ein Mann, ungefähr vierzig, der konnte nicht einmal einen Brief schreiben.“
„Möglich“, sagte Michiel. „Dann hatte der so was wie ich, bloß viel schlimmer. Ich kann zwar alles erzählen, es aber nicht gut aufschreiben. Und deshalb bin ich zweimal sitzengeblieben, ich bin nämlich zufällig schon fast dreizehn.“
Dreizehn ... alle sahen ihn beeindruckt an.
„Bist du für Ajax Amsterdam oder für Rotterdam Feyenoord?“, fragte Robert.
„Für den AC Mailand“, antwortete Michiel.
Michiel durfte in der Klasse ein Referat über Wortblindheit halten.
Zuerst ließ er den Lehrer das Wort an die Tafel schreiben. Dann wischte er es aus und versuchte es selbst. Das ging schwer. Michiel erklärte, worin seine Schwierigkeiten lagen. „Zufällig eigentlich überall. Ich habe trouble mit dem ‚eu‘ und plenty troubles mit ‚d‘ und ‚t‘; denn weil diese

dyslektisch *siehe Zeile 7*

up-hier *hier oben, im Kopf (engl.-dt. Wortmischung)*

Ajax Amsterdam/Feyenoord Rotterdam *Fußballmannschaften aus den Niederlanden*

AC Mailand *Fußballmannschaft aus Italien*

trouble *Schwierigkeiten (engl.)*

plenty trouble *große Schwierigkeiten (engl.)*

beiden Buchstaben eigentlich Geschwister sind, mache ich aus dem Schwesterchen zufällig oft ein Brüderchen, und das ist zufällig falsch."
Michiel redete eine Weile, und alle kapierten es so ungefähr, sogar Karl, dem man sonst alles dreimal erklären musste. Karl hatte allerdings noch eine Frage.
„Wie hast du dann reden gelernt, wenn du nicht richtig lesen kannst?"
Die Klasse brüllte los, aber Michiel ergriff Partei für Karl.
„Diese Frage ist zufällig nicht so dumm, wie es scheint", sagte er. „Reden ist no problem, ich brauche etwas nur einmal zu hören, und es ist felsenfest up-hier." Wieder tippte Michiel sich an die Stirn.

no problem *kein Problem (engl.)*

„Weshalb redest du so viel Englisch?", wollte Diana wissen.
„Weil ich früher zufällig in Amerika gewohnt habe."
Das hatte Eindruck gemacht, vor allem auf Diana, die sich sofort in ihn verliebte.
Michiel hatte vom Lehrer eine Eins minus bekommen, der Lehrer gab nämlich nie eine Eins für Referate.
„Wieso nicht?", hatte Michiel wissen wollen.
„Zufällig darum nicht", hatte der Lehrer gesagt, „ich gebe zufällig nie mehr als eine Eins minus."
„Gut, okay", hatte Michiel gemeint und dem Lehrer die Hand gegeben.

Judith versuchte möglichst gut aufzupassen, aber immer wieder schweiften ihre Gedanken ab. Wann sollte sie den Brief abgeben? In der Pause oder direkt vor der Sportstunde? Sie erschrak, als alle die Bücher zuklappten und Hefte hervorholten.
„Erst die Aufsätze abgeben." Der Lehrer ging an den Tischen entlang und nahm die Blätter entgegen.

„Ich habe meinen daheim vergessen“, sagte Robert. Er log, er hatte seinen Aufsatz nicht zu Ende geschrieben.

Der Lehrer schaute ihn an.

„Das ist schon das zweite Mal, dass du ihn zu Hause liegen gelassen hast“, sagte er.

„Tut mir leid.“ Robert senkte so schuldbewusst wie möglich den Blick. Eigentlich war es das dritte Mal; er war schon froh, dass der Lehrer einmal vergessen hatte.

„Was sage ich? Zweimal? Das hier ist schon das dritte Mal!“, erklang die Stimme des Lehrers ärgerlich. „Du gehst jetzt nach Hause und holst den Aufsatz.“

Erschrocken sah Robert hoch.

„Muss ich ... muss ich den ganzen Weg zurück nach Hause?“, fragte er.

„Du hast ganz recht gehört.“

Unglücklich schlich Robert aus dem Klassenzimmer.

„Er hat ihn natürlich nicht fertig“, kicherte Diana gerade laut genug, dass alle es hörten.

„Deinen Aufsatz, Judith.“ Der Lehrer stand neben Judiths Tisch.

„Ich habe ihn nicht fertig.“ Sie fühlte, wie ihre Wangen brannten.

„Und warum nicht?“

„Ich ... ich hatte wieder solche Kopfschmerzen“, flüsterte sie kaum hörbar.

„Gib mir trotzdem dein Blatt.“

Judith kramte nervös in ihrer Tasche. Der Lehrer wartete. Er sah ihren gesenkten Kopf, das lange Haar verdeckte ihr Gesicht. Dass das Kind in diesem Rollkragenpullover nicht erstickt, fuhr es ihm durch den Kopf.

Sie hob das Gesicht und blickte ihn kurz an, blass, schüchtern. Er konnte ihr nie böse sein. Die Kleine hatte so etwas Hilfloses.

„Karl ..." Der Lehrer war weitergegangen und stand jetzt neben Karls Tisch.
„Michiel ..."
Michiel überreichte voller Stolz seinen Aufsatz.
„Zwei Seiten", fügte er hinzu.
„Nicht übel", meinte der Lehrer und lächelte.
Judith beugte sich über ihr Heft. Zum Glück hatte der Lehrer nichts gesagt. Jetzt bloß noch der Brief ...

Pause. Die Klasse stürmte ins Freie, nur Judith blieb trödelnd zurück.
„Komm, Judith", ermunterte der Lehrer sie.
„Ich ... ich habe noch einen Brief", murmelte sie und legte ihn hastig auf seinen Tisch.
Der Lehrer las ihn. Es war schon das soundsovielte Mal, dass Judith nicht am Sportunterricht teilnahm. Er würde doch einmal mit ihrer Mutter reden müssen. Diese Kopfschmerzen der Kleinen waren nicht normal.

Die Schule war geschafft. Judith ging zum Fahrradunterstand. Sie war erleichtert, dass alles so glimpflich verlaufen war. Während die anderen Sport hatten, hatte sie ihren Aufsatz zu Ende schreiben dürfen. Sie hatte sich so viel Mühe dabei gegeben, dass ihre Wangen zu glühen anfingen. Es war ein sehr schöner Aufsatz geworden, fand sie selbst. Hoffentlich dachte der Lehrer genauso.
Sie hatte noch einmal von vorn angefangen und sich eine Art Märchen ausgedacht. Es handelte von einer armen Mutter, die ihrer kleinen Tochter so gern etwas kaufen wollte. Sie gingen zusammen in die Stadt, und dort durfte Anna, so hieß das Mädchen, sich aussuchen, was sie wollte.
„Ich möchte dir etwas besonders Schönes schenken", sagte Annas Mutter.

Anna wusste, wie arm ihre Mutter war. Ihr fielen viele Wünsche ein, aber ihre Mutter würde all das niemals bezahlen können. Anna dachte sehr lange nach.
„Na, wird' s bald?", fragte ihre Mutter.
„Mir fällt nichts ein", sagte Anna, „ich habe schon alles."
„Alles?" rief ihre Mutter. „Aber liebe Anna, du hast nichts! Du hast fast nichts zum Anziehen und auch keine Spielsachen."
„Aber ich habe dich", sagte Anna.
Als Anna das sagte, hob ihre Mutter sie hoch und wirbelte sie herum, einfach so, mitten auf der Straße.
„Meine liebste Anna", lachte sie, „meine aller-, allerliebste Anna!" Alle, die es sahen, waren glücklich, denn keiner hatte jemals eine Mutter gesehen, die ihre Tochter so sehr liebte.
Und dann waren sie zusammen im ‚Venezia' Eis essen gegangen, lautete Judiths Schluss, denn dazu reichte das Geld gerade.

Judith nahm ihr Fahrrad, merkte aber sofort, dass etwas nicht stimmte.
„Ist was?", fragte Michiel.
„Ja, in einem Reifen ist keine Luft mehr."
„No problem", sagte Michiel, „ich habe eine Luftpumpe."
Eifrig ging er daran, den Reifen aufzupumpen, gab es aber schon bald wieder auf.
„Platt", stellte er fröhlich fest.
„Platt?" Judith sah ihn erschrocken an. Jetzt würde sie zu spät zum Kindergarten kommen, um Dennis abzuholen.
„No problem, das regele ich schon. Komm mit."
„Wohin?"
„Zu mir nach Hause, da liegt mein Flickzeug. Spring bei mir hinten drauf, ich fahre und halte dein Rad."

Judith war so überrumpelt, dass sie seiner Aufforderung ohne Zögern folgte.

„Ha, ha ... Michiel hat eine Freundin“, schrie Robert, „Michiel hat eine Freundin!“

Michiel tat, als müsste er sich ganz auf Judiths Fahrrad konzentrieren. Ab und zu kam er gefährlich ins Schlingern, sodass Judith sich an seiner Jacke festhalten musste. Kurz darauf fuhr er auf den Radweg, wo es ruhiger war. Bei einer Kreuzung stieg Michiel ab.

schlingern *schleudern, schwanken*

„Das Stück hier ist zu riskant“, sagte er, „besser, wir gehen ab jetzt zu Fuß.“

Judith lief hinter Michiel her und betrachtete seine ausgeblichene Jacke. Sie war noch immer überrumpelt und verstand nicht, weshalb er ihren Reifen flicken wollte. In den wenigen Wochen, die sie auf dieser Schule war, hatten sie kaum ein Wort miteinander gewechselt, und jetzt ging sie einfach so mit ihm mit.

„Der Lehrer ist okay, findest du nicht auch?“, fragte Michiel, der jetzt neben ihr schritt.

Judith schrak hoch.

„Was?“

„Ich sagte, der Lehrer ist okay“, brummte Michiel.

„Ja.“

Er warf ihr einen Blick zu. Gesprächig war sie nicht. Eigentlich tat ihm sein Angebot schon wieder leid. Er hatte es gemacht, weil sie ihn an Steffie erinnerte – Steffie, das Nachbarmädchen in Amerika, die er zum letzten Mal vor fünf Jahren gesehen hatte. Aber Judith war nicht Steffie. Wenn sie jetzt bloß nicht erwartete, dass er immer alles für sie in Ordnung brachte.

„Pass auf“, rief er und packte sie bei den Schultern. Judith war so in Gedanken, dass sie fast gegen ein Auto gelaufen wäre.

„Au!“ Es war heraus, ehe sie wusste, wie.

„Hab ich dir wehgetan?“, fragte Michiel verwundert.

„Nein ... nein“, stotterte Judith, „aber ich habe mir gestern die Schulter gestoßen.“

„Entschuldige.“

„Macht nichts“, sagte Judith rasch.

„Wir müssen hier abbiegen. Ich wohne in Nummer fünfundachtzig.“

Es war eine ziemlich ruhige Straße; hier und da gab es ein paar Bäume und sogar eine Bank. An Michiels Haus führte ein Plattenweg vorbei, der nach hinten in den Garten führte. Als Michiel das Gartentor öffnete, stürzten zwei kleine Jungen auf ihn zu. Sie sahen sich so täuschend ähnlich, dass man sie nicht auseinanderhalten konnte.

„Michiel, Michiel ... Rad fahren.“ Sie zogen ihn am Jackenärmel, und einer der beiden versuchte, auf den Gepäckträger zu klettern.

„Gleich“, versprach Michiel, „zuerst muss ich noch einen Reifen flicken.“

Ehe Judith fragen konnte, wie sie hießen, ging die Küchentür auf, und ein kleines Mädchen kam in den Garten getrippelt.

„Gibt es noch mehr?“, fragte Judith.

„Nein“, meinte Michiel und lachte, „das sind alle.“

Jetzt erschien eine Frau. Sie hatte eine tiefe Stimme, und ihre Bewegungen waren ziemlich träge, so als hätte sie alle Zeit dieser Welt. Der Trubel um sie herum schien sie nicht zu stören.

Sie kam auf Michiel zu und gab ihm einen Kuss. Michiel umarmte sie ebenfalls. Danach wandte die Frau sich an Judith.

„Schön, dass du mit Michiel gekommen bist. Seid ihr in derselben Klasse?“

„Ja“, antwortete Judith leise, während sie die Augen niederschlug. Sie wusste nie so recht, wie sie sich einem Erwachsenen gegenüber verhalten sollte; immer befürchtete sie, etwas falsch zu machen.

„Das ist Judith“, sagte Michiel, „ihr Rad hat einen Platten.“

„Möchtet ihr etwas trinken ?“

„Erst flicke ich den Reifen“, sagte Michiel.

Einer der Jungen nahm Judith bei der Hand und zog sie mit ins Haus. „Du darfst meine Eisenbahn sehen“, meinte er großzügig.

„Unsere Eisenbahn“, verbesserte ihn sein Zwillingsbruder, der ihm wie ein Schatten folgte.

„Und meine Eisenbahn kann auch zusammenstoßen, dann fallen alle Wagens um“, berichtete der Junge stolz weiter.

„Nicht Wagens, sondern Waggons“, verbesserte ihn sein Bruder erneut. „Du kannst nicht richtig reden.“

„Kann ich wohl.“

Judith sah zu, wie er den Zug und alle Waggons auf die Gleise setzte und im Kreis fahren ließ. Sein Zwillingsbruder erzählte Judith, er heiße David und sein kleiner Bruder Frank, und er selber könne sehr gut reden, er sei nämlich der Ältere.

„David ist bloß ein kleines bisschen der Älteste. Bloß zwei Minuten“, begehrte Frank auf.

„Zwei Minuten ist sehr viel. So viel.“ David hielt seine Hände ein Stück auseinander.

Minuten ... Judith hatte die Zeit völlig vergessen, doch jetzt warf sie einen Blick auf die Uhr. Schon fast Viertel nach vier. Um vier Uhr hätte sie Dennis aus dem Kindergarten abholen müssen. Was sollte sie tun? Hilflos sah sie sich um.

„Ist etwas?“, fragte die Frau, die wieder hereingekommen war.

„Mein kleiner Bruder ... Ich muss ihn nachmittags immer vom Kindergarten abholen. Jetzt komme ich zu spät.“

„Du darfst ruhig anrufen. Das Telefon hängt im Flur. Weißt du die Nummer auswendig?“

„Ja“, murmelte Judith und hastete hinaus auf den Flur.

Vor Nervosität verwählte sie sich zunächst. Sie versuchte es noch einmal.

Kurz darauf ertönte die bekannte Stimme von Ineke, der Kindergärtnerin.

„Hier ... hier ist Judith. Ich habe einen Platten.“

„Einen Platten? Das kommt in den besten Familien vor. Du kommst also etwas später?“

„Ja.“

„Macht nichts“, sagte Ineke gutmütig. „Ich werde dein Brüderchen schon im Zaum halten, ich muss hier sowieso noch etwas Ordnung machen. Wann, meinst du, kannst du hier sein?“

„Ich bin bei Michiel, einem Jungen aus meiner Klasse. Der flickt gerade den Reifen.“

„Scheint in Ordnung zu sein, der Junge. Lass dir ruhig Zeit, hörst du? Bis nachher.“

Trotz dieser beruhigenden Worte wurde Judith nervös. Wenn ihre Mutter dahinterkäme, dass sie zu spät im Kindergarten war, würde es wieder losgehen. Sie rannte in den Garten.

„Ist mein Reifen schon heil?“, fragte sie.

„Zufällig kann ich nicht hexen“, bemerkte Michiel ein wenig beleidigt.

„Ich muss meinen kleinen Bruder vom Kindergarten abholen.“

„Kann deine Mutter das nicht tun?“

„Die arbeitet.“

„Ruf doch an und sag, dass du etwas später kommst.“

„Habe ich schon gemacht“, erzählte Judith gehetzt.
„Na, dann ist doch alles okay?“
Nein, es ist nicht okay, dachte Judith, aber das kann Michiel nicht wissen.
Michiel beobachtete sie von der Seite. Judith schien sich ihrer Umgebung nicht mehr bewusst zu sein, auch nicht der Zwillingsbrüder, die schreiend und miteinander balgend durch den Garten rannten. Ihr verlorener Blick berührte ihn unangenehm.
„Hast du womöglich Angst, dass du eine gescheuert bekommst?“ Es war ihm einfach so herausgerutscht.
Judith sah ihn an, als fühle sie sich bei irgend etwas ertappt.
„Von ... von wem?“
„Von deinem Vater natürlich.“
Fast erleichtert atmete sie auf. „Ich habe keinen Vater ... ich meine, ich habe zwar einen, aber den habe ich nie gesehen. Meine Eltern sind geschieden.“
„Ach.“ Mit einem Mal konzentrierte Michiel sich völlig auf den Reifen.
„Ich werde ihn jetzt aufpumpen“, sagte er und drehte das Fahrrad um. David und Frank ließen ihn nicht eine Sekunde aus den Augen.
„Michiel kann alles“, erzählte David stolz, „er hat auch Mamas Uhr ganzgemacht, stimmt‘s, Michiel? Und er bringt mir Englisch bei. ‚Wan, tuh, ssrieh‘, Michiel hat nämlich in Amerika gewohnt. Hast du auch in Amerika gewohnt?“

Wan, tuh, ssrieh *one, two, three (kindl. Englisch)*

„Nein.“
„Nimmst du uns mit?“, fragte Frank.
„Ein andermal vielleicht. Jetzt muss ich meinen kleinen Bruder abholen.“
„Und wie heißt der?“, fragten beide gleichzeitig.
„Dennis. Er ist zwei.“

„Das ist noch ganz klein“, sagte David. „Wir sind zusammen schon zehn.“
Michiel war fertig mit Aufpumpen.
„Ist es repiert?“, fragte Frank. „Es ist nicht repiert, sondern ripariert“, verbesserte David.
Judith musste lachen.
„Tolle Brüder hast du“, sagte sie zu Michiel.
„Es sind nicht meine Brüder, sondern meine Cousins.“
„Deine Cousins? Bist du hier bloß zu Besuch?“
„Nein, ich wohne hier.“ Das klang so trotzig, dass Judith nicht weiterfragte.
„Danke fürs Reparieren“, sagte sie rasch, „und bis morgen.“
„See you“, murmelte Michiel und trottete ins Haus.

See you.
Wir sehen uns.
(engl.)

4

Michiel ging auf sein Zimmer und ließ sich der Länge nach aufs Bett fallen. Seine gute Laune war ins Gegenteil umgeschlagen; er verstand selbst nicht, weshalb.
Er verschränkte die Arme hinter dem Kopf und starrte auf die Poster an der Wand, die alle Motive aus dem Sport zeigten. Noch immer war sein Zimmer nicht vollständig eingerichtet, genauso wie das restliche Haus, und das, obwohl sie hier schon ein halbes Jahr wohnten. Viele Sachen befanden sich noch in Kisten.
„Das kommt alles von selber“, sagte Tante Elly sorglos, „wenn wir etwas suchen, öffnen wir einfach eine Umzugskiste.“
Michiel musste unwillkürlich lächeln. Bei Tante Elly wurde alles „normal“, sie machte nur dann etwas zum Problem, wenn es wirklich sein musste. Dann aber konnte sie

bis zum Äußersten gehen; das hatte sie mit seinem Vater deutlich bewiesen.

Gut drei Jahre lebte er schon bei Tante Elly und Onkel Bob. David und Frank kannten es kaum mehr anders, als dass er ihr großer Bruder war.

Michiel seufzte. Weshalb fühlte er sich auf einmal so unbehaglich? War es wegen dieser Bemerkung zu Judith?

unbehaglich *unwohl*

‚Bekommst du dann eine gescheuert', war ihm so herausgerutscht.

Sie hatte ihn ganz merkwürdig angesehen. Im Grunde war sie ein eigenartiges Mädchen, diese Judith. Sie war ganz anders als die anderen Mädchen aus der Klasse. Wenn sie nicht solche Ähnlichkeit mit Steffie hätte, wäre sie ihm wahrscheinlich nie aufgefallen.

Weshalb hatte er sie gerade das gefragt? Er hatte von seinem Vater nie eine gelangt bekommen. Wäre es nur das gewesen, dann hätte er sich zur Wehr setzen können; wenn er sich getraut hätte jedenfalls.

Aber gegen seinen Vater kam er doch nie an.

Sein Vater ... Er war noch immer in Amerika. Michiel brauchte bloß seine Stimme am Telefon zu hören, um sich völlig zu verschließen; sein Vater hatte eine ziemlich hohe, genau betonende Stimme. Es war eine Stimme, die niemals stockte. Sein Vater war ein gescheiter Mann; er arbeitete als Rechtsanwalt für große Firmen. Wenn die in Schwierigkeiten steckten, musste er das in Ordnung bringen, und das gelang ihm nahezu immer. Alles, was sein Vater unternahm, wurde zum Erfolg. Weshalb konnte Michiel darauf nicht stolz sein, statt sich davor zu fürchten, noch immer, nach all den Jahren?

Ganz genau erinnerte er sich noch an die Abreise nach Amerika. Seine Mutter, Tante Ellys Schwester, war einige

Monate zuvor gestorben. Auf einmal war es ganz leer und still geworden daheim.
Tante Elly war dann gekommen. Sie studierte damals und war noch nicht verheiratet. Sie hatte für ihn gesorgt; oder eigentlich war es genau andersherum gewesen, er hatte eher für sie gesorgt, sie war nämlich ziemlich ungeschickt, aber das schien sie nicht zu stören. Sie hatte ihn alles Mögliche tun lassen, er hatte sogar kochen dürfen, und zusammen hatten sie einen Kaninchenstall gebaut und mit Maschendraht überzogen. Bei ihr hatte er sich immer groß und wichtig gefühlt. Und sie hatten über seine Mutter gesprochen, die jetzt tot war und die er nicht mehr so sehr vermisste, seit Tante Elly im Haus war. Alles war fast wieder so wie früher geworden, bis sein Vater ankündigte, dass sie nach Amerika ziehen würden. Von dem Tag an hatte sich sein Leben völlig verändert.

Er und sein Vater an einem verregneten Tag auf dem Flughafen Schiphol in Amsterdam. Vor dem Abflug hatte sein Vater die Plastiktüte entdeckt, die er hinter seinem Rücken verborgen hielt. „Was hast du da?“, wollte er wissen.

Schiphol *Flughafen von Amsterdam*

„Meinen Bären“, flüsterte er.
Häufig hatte sein Vater gesagt, er sei zu groß für einen Bären. Nur kleine Kinder spielten damit.
Sein Vater blickte ihn an und fragte: „Wie alt bist du, Michiel?“
„Sechs.“
„Ist sechs groß oder klein?“
Er zuckte mit den Schultern, und eine vage Unruhe beschlich ihn.

vage *unbestimmt*

„Ich finde sechs groß“, stellte sein Vater fest.
Einen Augenblick lang hatte er sich über diese Bemerkung gefreut, aber danach kam sofort: „Und große Jungs haben

sich auch entsprechend zu benehmen, findest du nicht?"
Er nickte.
„Große Jungs spielen nicht mehr mit Bären", fuhr sein Vater fort. „Jetzt ist eine gute Gelegenheit, dich davon zu trennen, Michiel. Wir fahren zusammen nach Amerika und fangen dort ein neues Leben an. Du und ich, ohne Bären. Wir kommen ebenso gut allein zurecht."
Er hatte seinen Vater sprachlos angestarrt, die Plastiktüte mit dem Bären, dem ein Auge und ein Ohr fehlten, fest an sich gedrückt.
„Ich sehe schon, du willst den Bären selbst in den Müll werfen", sagte sein Vater und deutete auf eine graue Tonne.
Michiel schüttelte heftig den Kopf.
„Dann werde ich es für dich tun." Aus seiner Stimme klang Enttäuschung.
Schon streckte er seine Hand aus, aber Michiel drehte sich um und rannte davon. Er huschte zwischen den wartenden Leuten hindurch, rannte blindlings eine Treppe hinauf und lief durch die erstbeste Tür. Dahinter waren Frauen damit beschäftigt, sich zu kämmen und sich die Hände zu waschen.

blindlings *ohne zu überlegen, hastig*

Eine von ihnen lachte ihm zu und sagte etwas in einer Sprache, die er nicht verstand. Eine andere fragte: „Suchst du deine Mutter?"
Er gab keine Antwort, sondern schaute nur keuchend um sich.
„Ich nehme immer Chanel Nummer fünf", erzählte eine Frau, holte eine Flasche zum Vorschein und fing an, sich damit zu besprühen.

Chanel Nummer fünf *Parfümsorte*

Während ihm ein süßer Duft in die Nase drang, hörte er die Stimme seines Vaters: „Michiel ... Michiel ...".
Ohne zu überlegen, stürzte er auf die Frau mit der Flasche zu und umklammerte verzweifelt ihre Taille. Die Flasche

fiel ihr aus der Hand und zerschellte auf dem Boden. Der Gestank war atemberaubend.

„Sieh nur, was du angerichtet hast!“, rief die Frau. „Da liegt mein teures Parfüm! Was hat der Bengel auch in der Damentoilette verloren!“ Entrüstete, zornige Augen sahen ihn an.

„Michiel!“, erklang vor der Tür die Stimme seines Vaters.

Die Frau packte ihn bei den Schultern und fragte: „Bist du Michiel?“ Sie schob ihn hinaus.

„Gehört er zu Ihnen?“, fragte sie ungeduldig.

„Ja.“

„Geben Sie in Zukunft etwas besser auf ihn acht. Er hat meine Parfümflasche zerbrochen.“

„Ich werde es Ihnen vergüten.“ Schon zog sein Vater das Portemonnaie hervor.

vergüten *erstatten, den Schaden ersetzen*

Die Frau lehnte zunächst halbherzig ab und nahm schließlich das Geld an. Ein Übelkeit erweckender Geruch umwaberte sie.

„Bestimmt macht ihm die Flugangst zu schaffen“, meinte sie jetzt etwas freundlicher und warf einen Blick in seine Richtung.

Sein Vater hatte kurz genickt, ihn am Arm gepackt, und schweigend waren sie die Treppe hinuntergegangen. Unten blieben sie stehen; seine Hand umklammerte noch immer Michiels Arm.

„Von heute an sind die kindischen Spielchen vorbei, Michiel“, sagte er ruhig und beherrscht. „Haben wir uns verstanden?“

Er nickte mit zugeschnürter Kehle.

Zusammen durchquerten sie die Abflughalle. Bei einem Mülleimer blieb sein Vater stehen.

„Na, was ist?“

Mit verschleiertem Blick warf er die Plastiktüte hinein.

„Jetzt bist du ein großer Junge“, sagte sein Vater. Die Hand auf seiner Schulter wog grauenhaft schwer.
Im Flugzeug hatte er keinen Bissen hinunterbekommen, wie sehr die Stewardess ihn auch drängte.

Stewardess *Flugbegleiterin*

„Es ist die Aufregung“, hatte sein Vater gesagt.

Dann waren die Jahre in Amerika gekommen.
Anfangs hatten ihn diese merkwürdigen Nasalklänge erstaunt, doch schon nach kurzer Zeit hatte er sich die Sprache angeeignet. Auch mit seinem Vater sprach er Amerikanisch.

Nasalklänge *Laute, die durch die Nase gesprochen werden*

Er hatte zur Schule gehen müssen. Zunächst hatte es ihm Spaß gemacht, doch das änderte sich bald. Die Buchstaben, die auf dem Papier so unschuldig aussahen, wurden seine größten Feinde. Es gelang ihm nie, fehlerlos zu schreiben oder zu lesen; er drehte Wörter um, ließ Buchstaben aus oder stellte sie auf den Kopf. Die Sprache wurde zu einem unlösbaren Puzzle.
Das Schlimmste war, dass sein Vater es für Widerspenstigkeit hielt und Faulheit.
„Das werden wir angehen“, sagte er und ließ Michiel nach der Schule in sein Büro kommen, damit er dort seine Aufgaben machte.
„Ich habe selten jemanden gesehen, der so begriffsstutzig ist wie du“, sagte sein Vater, wenn er sich die Fehler betrachtete. „Man möchte meinen, du tust es absichtlich.“
„Das stimmt nicht“, sagte Michiel verzweifelt, „wirklich nicht!“
Nach einiger Zeit fing er auch an zu stottern. Wenn er in der Klasse etwas vorlesen musste, kämpfte er sich durch die Sätze, und die Kinder kicherten. Sein Vater verlor nie die Geduld; er blieb eisig gelassen bei Michiels Gestotter, und dieses Schweigen lähmte ihn noch mehr. Er war häu-

fig krank, bekam Ausschlag an Rücken und Bauch sowie plötzliches hohes Fieber. Wenn er im Bett blieb, stellte sein Vater ihm Aufgaben und gab ihm Bücher zu lesen; Fernsehen war ihm verboten.

Einmal hatte sein Vater ihn erwischt. Er hatte sich heimlich einen Lassie-Film angesehen. Zur Strafe durfte er am darauffolgenden Sonntag nicht zu Peters Geburtstag und musste ihm absagen.

Dummerweise erzählte er Peter, dass das eine Strafe war.

„Wer hat dich bestraft?“

„Mein Vater.“

„Und was hast du gemacht?“ wollte Peter wissen.

„Mir einen Film im Fernsehen angeschaut.“

„Spätabends?“

„Nein, tagsüber.“

„Wer bekommt denn dafür noch eine Strafe!“, rief Peter.

Am nächsten Tag hatte die ganze Klasse es gewusst. Michiel erfand daraufhin, dass Fernsehen in Holland für Kinder unter acht Jahren verboten sei. Alle fanden das sehr traurig. Aber Susan, ein aufgewecktes Mädchen mit einem Pferdeschwanz, sagte, er sei ein Lügner. Sie habe eine holländische Cousine von fünf Jahren, die genauso viel fernsehen dürfte, wie sie wollte.

„Das ist ein Mädchen, und Mädchen dürfen fernsehen“, hatte er noch versucht, aber niemand hatte ihm mehr geglaubt.

Sie waren viermal umgezogen. Das bedeutete jedes Mal neue Schulen, andere Kinder.

Aber dann war Steffie gekommen. Sie war ein Nachbarskind, und sie hatte große, graue Augen. Steffie redete viel und konnte auch sehr gut vorlesen; sie hatte eine klare Stimme. Manchmal las sie Gedichte vor, und wenn sie ihm gefielen, bat er: „Lies es noch einmal.“ Dann konnte er sie sofort auswendig. Steffie verstand nie, wie das möglich war, und er noch weniger. Er glaubte, es läge an ihrer Stimme.

Sie teilte auch alles mit ihm. Wenn sie einen Riegel Schokolade hatte oder ein Eis, bekam er die Hälfte.

„Wieso teilst du alles?“, fragte er sie eines Tages, als sie ihm Murmeln schenkte.

„Teilen macht Spaß“, antwortete sie, „dann hat man zu zweit etwas. Stimmt doch, oder?“

Mit ihren großen grauen Augen sah sie ihn fragend an. „Allein fernzusehen macht viel weniger Spaß als zusammen mit Mama“, fuhr sie fort. „Dann kann ich viel mehr lachen, weil Mama auch lacht.“

Michiel nickte. Er dachte an seinen Vater. Mit ihm sah er nie zusammen fern; er durfte ja nicht einmal allein fernsehen.

Als ob Steffie seine Gedanken erraten hätte, fragte sie: „Findest du deinen Vater nett?“

prompt *sofort, spontan*

„Nein“, antwortete Michiel prompt. Er erschrak selbst darüber und fühlte sich schuldig.

„Und weshalb nicht?“, fragte Steffie.

„Ich musste meinen Bären wegwerfen“, sagte er, „deshalb.“

Er hatte noch nie mit jemandem über seinen Bären gesprochen.

„Welchen Bären?“

„Ich hatte bloß einen. Er hieß Dudel. Als wir nach Amerika zogen, durfte er nicht mit. Ich sei zu groß dafür, hat mein Vater gesagt.“

„Man ist nie zu groß für Bären“, meinte Steffie. „Mein Vater hat noch all seine Spielsachen. Er hat fünf Bären, die sind sehr alt, und damit geht er ganz behutsam um. Manchmal spielen wir damit, und dann erzählt er, was seine Bären

früher alles gemacht haben. Einer war immer ungezogen, das war der Eisbär. Er wollte nie ins Bett und versteckte sich, wenn Schlafenszeit war, und dann musste sein Vater ihn suchen." Steffie lachte.
Plötzlich stand sie auf und rannte ins Haus. „Nicht weggehen, hörst du?", rief sie über die Schulter zurück.
Kurz darauf stand sie wieder vor ihm, die Hände auf dem Rücken.
„Du musst die Augen zumachen", sagte sie, und er tat es.
Sie drückte ihm etwas Weiches in die Hände.
„Du darfst sie wieder aufmachen."
Er sah einen kleinen Bären; einen Koalabären aus Australien, wie Steffie erklärte. „Das ist ein sehr großes Land, mit kleinen Bären. Er ist mein Lieblingsbär, aber weil du keinen hast, bekommst du diesen, ich habe nämlich noch sechs andere."
Er war so froh gewesen, dass er nichts zu sagen wusste.
„Du magst ihn", sagte Steffie, die ihn verstand.
Er nickte und begriff nicht, wieso er beinahe weinen musste. Steffie lehnte sich an ihn und schlang ihren Arm um seine Schultern.
Es war der schönste Nachmittag gewesen, an den er sich erinnern konnte.

Es war auch Steffie gewesen, die sich offen gegen seinen Vater auflehnte. Eines Sonntags, als er Diktate schreiben musste.

sich auflehnen *jemandem widersprechen, sich wehren*

Es hatte geklingelt. Sein Vater war aufgestanden und hatte geöffnet.
„Ich komme mit Michiel spielen", verkündete Steffie.
„Das geht nicht. Michiel ist beschäftigt."
„Und womit?", wollte Steffie wissen.
„Mit Sprachübungen."

„Aber heute ist Sonntag!“, rief Steffie. „Am Sonntag soll man keine Sprachübungen machen, da soll man spielen.“

„Wenn Michiel fertig ist, kommt er und spielt mit dir.“

Die Tür wurde geschlossen.

Eine Stunde später klingelte es erneut.

„Ist Michiel jetzt fertig?“, fragte Steffie.

„Nein.“

„Wie lange dauert es noch?“

„Das liegt ganz an Michiel. Wenn er sich Mühe gibt, ist er bald fertig.“

Als sie zum dritten Mal klingelte, sagte sein Vater, sie solle damit aufhören.

„Ich will mit Michiel spielen.“

„Michiel muss arbeiten.“

„Aber es ist Sonntag“, beharrte Steffie.

Sein Vater wollte die Tür wieder zumachen, aber Steffie rief: „Ich finde Sie blöd!“

Einen Augenblick blieb es still. Michiel hielt den Atem an. Woher sie nur den Mut nahm!

„Und ich finde dich frech“, bemerkte sein Vater.

Er verschwendete kein Wort darüber, als er wieder ins Zimmer kam, obwohl er wissen musste, dass Michiel es gehört hatte.

Erst am Nachmittag bekam er die Erlaubnis, nach draußen zu gehen.

Er rannte zu Steffies Haus, aber es öffnete niemand auf sein Klingeln. Er ging hinten herum und entdeckte den Zettel, den Steffie an die Küchentür geklebt hatte. In großen Krakelbuchstaben stand da: „Ich bin mit Mama und Papa ausgegangen.“

Enttäuscht hatte er sich wieder auf den Heimweg gemacht. Abends zum Zubettgehen hatte sein Vater ihm erzählt, dass sie wieder umzögen. Nach Washington diesmal.

Das letzte Jahr in Amerika ... Noch immer überfiel ihn ein Gefühl der Ohnmacht, wenn er daran zurückdachte. Ohne Steffie war er einsamer denn je gewesen.

In der Schule ging es immer mehr bergab, und die Kinder in der Klasse lachten ihn manchmal offen aus, wenn er stotterte. Irgend etwas stimmt nicht mit mir, dachte er oft, vielleicht habe ich kein Gehirn, oder viel zu wenig. Es muss wohl so sein, alle können ja lesen und schreiben, bloß ich nicht.

Er träumte jetzt viel. Von seiner Mutter, an die er nur noch eine vage Erinnerung hatte. In seinen Träumen suchte er sie, aber er konnte sie niemals finden. Dann irrte er durch endlose Räume. Jedes Mal wenn er eine Tür öffnete, kam er wieder in ein leeres Zimmer. Seine Beine bewegten sich immer träger, die Luft wurde schwerer, sodass er kaum noch atmen konnte, und hinter jeder Tür war dieses leere Nichts.

Manchmal wagte er nicht einzuschlafen, so sehr fürchtete er diese beklemmenden Träume, aus denen er schweißgebadet erwachte.

Sein Vater hatte immer mehr zu tun und verlor jetzt zusehends die Geduld. Aber es war nicht die Ungeduld seines Vaters, vor der er sich fürchtete, sondern dessen heimliche Herablassung. Das Schweigen, mit dem er sein Zeugnis unterschrieb, war kaum zu ertragen. Sogar aus dem Kratzen des Füllers konnte Michiel seine Ablehnung heraushören.

Eines Tages, wieder hatte er eine schlechte Note bekommen, hatte er seinem Vater nicht mehr unter die Augen zu treten gewagt und war davongelaufen. Stundenlang war er durch unbekannte Straßen und Parks geirrt, und als der Abend hereinbrach, hatte er eine unverschlossene Garage gefunden. Darin stand ein Auto, und er war auf die Rückbank gekrochen. Prompt war er in einen tiefen, traumlosen Schlaf gefallen. Erst am Morgen hatte ihn eine Frauenstimme aufgeschreckt.

„Wer bist du?“, fragte die Frau.

Er zuckte mit den Schultern, so als wüsste er es nicht.

„Vielleicht weißt du es nach einem guten Frühstück“, bemerkte sie freundlich, „komm nur.“

Sie reichte ihm eine Hand, die sich kräftig anfühlte, und sie gingen in ihre Küche.

„Möchtest du Toast oder Cornflakes?“

„Toast.“

Auf einmal war er völlig ausgehungert, und beim Duft des Toasts verkrampfte sich sein Magen.

„Setz dich nur rasch“, sagte die Frau, „hier hast du schon einmal ein Glas Milch.“

Eine warme behagliche Stimmung erfüllte die Küche, und draußen im Garten stand ein Apfelbaum voller Äpfel.

„Pflücken Sie die alle selbst?“, fragte er und deutete auf den Baum.

„Die Äpfel? Ja, es ist eine ziemliche Arbeit“, sagte sie.

„Und was machen Sie damit?“

„Die meisten verschenke ich an die Nachbarn; die backen damit Apfeltorte.“

emsig hantieren *andauernd irgendetwas tun*

Die Frau – sie war weder alt noch jung – hantierte emsig um ihn herum und nahm zuletzt ihm gegenüber Platz.

„Schmeckt‘s?“, fragte sie.

Er nickte.

„Weißt du jetzt, wie du heißt?“

„Michiel.“ Er sprach den Namen niederländisch aus und sagte nicht „Mike“, wie man ihn hier in der Schule nannte.

„Ich bin Helen. Wo kommst du her?“

„Aus Holland.“

„Und wo wohnst du jetzt?"

Er starrte auf seinen Teller. Wenn er antwortete, bedeutete das das Ende.

„Du bist bestimmt von daheim fortgelaufen", stellte Helen fest.

Er nickte.

„Und weshalb?"

„Weil ich dumm bin."

„Wieso dumm?"

Sie stützte die Ellenbogen auf und sah ihn interessiert an. Ihre Augen waren hellgrau mit kleinen Sprenkeln.

„Ich habe schon wieder eine schlechte Note gehabt. Ich habe immer schlechte Noten", bekannte er ernst.

Jetzt würde sich ihr Blick verändern, jetzt würde ein herablassender Zug um ihren Mund erscheinen. Aber nein, sie schien nicht sehr beeindruckt.

„In welchen Fächern hast du schlechte Noten?"

„In fast allen."

„Auch in Sport?"

„Nein, das nicht. Aber Sport ist nicht wichtig."

„Wer sagt das?"

„Mein Vater."

Einen Augenblick war es still.

„Und deine Mutter? Was sagt die?"

„Ich habe keine Mutter mehr."

„Ach." Wieder schwieg sie eine Weile.

„Und du? Findest du Sport wichtig?"

„Ich schon. Sport macht sehr viel Spaß. Besonders Schwimmen."

„Na gottlob", seufzte die Frau. Sie sah sichtlich zufrieden aus. „Ich bin Sportlehrerin, weißt du", sagte sie, „und ich glaube, du bist überhaupt nicht so dumm. Ich glaube sogar, du bist ziemlich schlau und erfinderisch."

gottlob
hier: Da freue ich mich aber.

Machte sie sich über ihn lustig? Nein, offenbar nicht; er sah es an ihrem Gesichtsausdruck. Sie fragte, wie alt er sei.
„Acht Jahre."
Da sagte sie, sie hätte noch nie einen achtjährigen Jungen gesehen, der von daheim fortgelaufen und so schlau gewesen sei, in einer Garage zu übernachten.

gescheit
klug, schlau

„Ich finde es außergewöhnlich gescheit von dir" (er erinnerte sich an das Wort, weil sie es öfter verwendet hatte), „ich finde es außergewöhnlich gescheit von dir, dass du dir unter derartigen Umständen, denn Fortlaufen tut man nicht zum Spaß, dass du dir unter derartigen Umständen ein sicheres Dach über dem Kopf gesucht hast."
Sie nahm einen Apfel aus der Obstschale und biss herzhaft hinein. „Bist du bloß wegen dieser schlechten Note fortgelaufen?"
Er nickte. Er konnte ihr unmöglich erklären, was das alles bedeutete.
„Ich glaube, dein Vater wird sich große Sorgen machen."
Der Gedanke war ihm noch gar nicht gekommen! Vielleicht war er auch froh, dass er fort war.
Doch das Gegenteil stellte sich heraus; sein Vater hatte sich tatsächlich Sorgen gemacht. Er hatte sogar die Polizei eingeschaltet, die stundenlang nach ihm gesucht hatte. Als Helen ihn anrief, kam er sofort, und er schien erleichtert zu sein.
„Ihr Sohn ist ein schlaues Kerlchen", sagte Helen, als sie gingen, „und er mag Sport, besonders Schwimmen."
Michiel wusste noch immer nicht, ob sein Vater das gehört hatte.

Von dem Tag an kam ein Mädchen ins Haus, das auf ihn aufpassen musste. Sally war ihr Name. Stundenlang saß sie am Telefon, und sie lud ihren Freund ein, was Michiel seinem Vater nicht erzählen durfte. Im Austausch dafür durfte er fernsehen.

Eines Abends war sein Vater unerwartet früh nach Hause gekommen. Sally wurde stehenden Fußes entlassen. Dann waren Tante Elly und Onkel Bob mit den Zwillingen zu Besuch gekommen, und dieser Besuch hatte alles verändert.

stehenden Fußes *sofort, auf der Stelle*

Zwischen Tante Elly und seinem Vater gab es eine stürmische Auseinandersetzung, und einmal hörte er sie schreien: „Bist du denn blind? Siehst du nicht, in was für einem Zustand der Junge ist? Auf diese Weise machst du ihn kaputt!“

Lange Gespräche folgten, und eines Tages hatte sein Vater ihn vor die Wahl gestellt, in Amerika zu bleiben oder mit Tante Elly und Onkel Bob nach Holland zurückzukehren. Er hatte sich sofort für Letzteres entschieden.

In den drei Jahren seither war viel passiert. Seine Angst vor der Schule war verschwunden. Er wusste jetzt, was der Grund für seine „Dummheit“ war; dass es etwas war, an dem er arbeiten konnte. Er bekam speziellen Nachhilfeunterricht, und auch das Stottern wurde immer weniger.

Er fühlte, dass Tante Elly und Onkel Bob ihn so liebten, wie er war. Er durfte in einen Schwimmclub eintreten und spielte Basketball. Tante Elly setzte ihn niemals herab: Im Gegenteil, sie ermunterte ihn in allem, was er unternahm, und ließ ihn deutlich spüren, dass er in ihrer Familie unentbehrlich geworden war.

Michiel wurde in seinen Gedanken unterbrochen, weil die Zwillinge die Treppe heraufstürmten und in sein Zimmer einfielen.

„Du musst Mama helfen“, riefen sie.

Michiel setzte sich auf.

„Warum immer ich“, meckerte er.
„Weil du groß bist“, sagte David. „Darum.“
„Ist ja schön einfach“, brummte Michiel und stand auf.

5

Außer Atem kam Judith im Kindergarten an.
„War doch überhaupt nicht nötig, dass du dich so beeilst“, bemerkte Ineke kopfschüttelnd, als sie Judiths feuerrotes Gesicht sah.
„Ist Dennis nicht lästig gewesen?“, erkundigte Judith sich keuchend.
„Nein, es hat ihm ganz gut gefallen, nicht, Dennis? Ich hatte noch das eine oder andere zu erledigen, und er ist die ganze Zeit um mich gewesen.“
Dennis machte überhaupt keine Anstalten, mit Judith fortzugehen. „Bei Ineke bleiben“, brabbelte er.
„Siehst du, wir verstehen uns gut“, lachte Ineke. „Möchtest du vielleicht etwas trinken?“
„Gern.“ Als sie sah, dass Dennis so zufrieden spielte, war Judith beruhigt.
Ineke stellte ein Glas Cola vor sie hin, das sie sogleich ganz austrank.
„Meine Güte, du hast ja einen Zug am Leib“, sagte Ineke.
„Ich hatte auch so einen Durst.“
„Möchtest du vielleicht mehr?“
Judith wagte es, zu nicken.
„Du holst immer so treu deinen kleinen Bruder ab“, bemerkte Ineke, als sie ein zweites Glas vor sie hinstellte. „Nie kommst du zu spät. Aber behältst du denn auch noch Zeit für dich selbst übrig?“
„Doch, ja“, log Judith. Zeit für sich selbst, also so was ... Wenn

sie mit Dennis nach Hause kam, gab es oft noch alles Mögliche zu tun, weil Mama den ganzen Tag über arbeitete.

„Wann denn?“, hakte Ineke nach.

„Na, am Wochenende. Dann bin ich oft bei einer Freundin. Oder sie kommt zu mir.“

„Schön“, sagte Ineke, „und wie heißt sie?“

„Diana.“

Judith sah es schon vor sich! Diana bei ihr oder sie bei Diana, das hatte es noch nie gegeben. Sie wagte ihre Mutter nicht einmal zu fragen, ob sie jemanden aus der Schule mitbringen durfte.

„Und Michiel?“

„Michiel kenne ich erst seit Kurzem.“ Judith war froh, dass sie nicht mehr zu lügen brauchte. „Er hat gesehen, dass ich einen Platten hatte, und hat den dann für mich repariert.“

„Jungs, die dir deine Reifen flicken, sind nicht die schlechtesten“, sagte Ineke. „So bin ich an meinen Freund geraten. Eines Abends hatte man mir beide Reifen zerstochen. Ich war natürlich sauer, wie du dir vorstellen kannst. Ich musste ein ganzes Stück zu Fuß gehen, und außerdem war es eine verlassene Straße, ohne eine einzige Laterne. Richtig zum Fürchten. Kommt da ein Radfahrer und hält.

‚Panne?‘ fragte er. Ich hörte an seiner Stimme, dass er in Ordnung war.

‚Panne‘, sag ich, ‚man hat mir beide Reifen plattgestochen.‘

‚Doppelte Panne also‘, sagt er. ‚Ich kann dir einen Platz auf einem wackligen Gepäckträger anbieten.‘ – ‚Besser als gar nichts‘, sage ich, und so ist es also gekommen. Er hat meine Reifen geflickt, und jetzt wohnen wir schon ein Jahr zusammen.“

Ineke erzählte so spontan, dass Judith sich immer wohler fühlte. Während sie Dennis die Jacke anzog, fuhr Ineke

fort: „Hör zu, Judith. Wenn du mal Lust hast, nach der Schule zu einer Freundin zu gehen, brauchst du es bloß zu sagen. Dann gebe ich so lange auf Dennis acht. Ich muss hier sowieso noch oft irgendwelche Dinge erledigen. Ich weiß genau, was es heißt, daheim mit anfassen zu müssen. Das tust du natürlich auch, deine Mutter arbeitet ja und kommt abends abgekämpft nach Hause, so was braucht man mir nicht zu erzählen. Ich komme aus einer großen Familie und war die Älteste, und ich habe ranklotzen müssen, das kannst du mir glauben. Du scheinst mir genauso eine zu sein: Immer brav tun, was dir aufgetragen wird, und Zeit für dich selbst bleibt dabei nicht übrig. Also wenn du mich brauchst, dann lass es mich wissen."
Judith wurde rot.
Ineke lachte, nahm Judith bei den Schultern und schüttelte sie freundschaftlich durch. „Mein Angebot gilt, hörst du?"
„Au!" Wieder war es ihr herausgerutscht.
„Was ist denn, tue ich dir weh?", fragte Ineke verwundert.
„Ich habe mich gestern an der Schulter gestoßen", erzählte Judith, „das spüre ich noch immer."
„Zeig mal. Vielleicht ist etwas mit deinem Schlüsselbein."
„Nein ... nein ...", sagte Judith schnell, „es geht schon von selber vorbei. Ich muss jetzt wirklich gehen."
„Du merkst dir, was ich gesagt habe, ja?"
Judith nickte.
„Du erzählst Mama doch nicht, dass ich einen Platten hatte und zu spät gekommen bin, nein?", fragte Judith plötzlich, während sie Ineke unruhig anblickte.
„Spinnst du", sagte Ineke, „das braucht doch kein Mensch zu wissen."
Sie bemerkte die Erleichterung in Judiths Gesicht. Zusammen gingen sie zur Tür, und Ineke schaute ihnen eine Weile nach.

„Ich will Meyer heißen, wenn ich das verstehe“, murmelte sie. Wieso sollte Judiths Mutter nicht wissen dürfen, dass sie einen Platten gehabt hatte?

Frohgemut schob Judith ihr Fahrrad neben sich her und scherzte mit Dennis, der auf dem Gepäckträger saß. Was für ein schöner Tag eigentlich. In der Schule hatte es mit dem Lehrer wegen des Aufsatzes keine Schwierigkeiten gegeben, danach hatte Michiel ihr Fahrrad repariert, und jetzt war auch noch Ineke so nett gewesen. Sie hätte singen mögen.

Auch daheim verließ die gute Stimmung sie nicht, bis ihr plötzlich die vergangene Nacht einfiel. Es war jetzt zu spät, das Bettlaken zum Waschsalon zu bringen; das musste sie dann eben morgen tun. Aber da sie allein war, konnte sie jetzt ruhig ein sauberes Laken aus dem Schrank nehmen; ihre Mutter würde es nicht bemerken.

Judith machte rasch ihr Bett und begann danach eifrig mit ihren Schularbeiten.

Wo blieb ihre Mutter? Immer wieder warf Judith einen Blick auf die Uhr: schon halb zehn. Dennis lag nach langem Widerstand im Bett. Zum Glück hatte noch ein Essensrest von gestern im Kühlschrank gestanden, den hatte sie für ihn aufgewärmt, doch sie selbst hatte noch nichts gegessen.

Ob der Mutter etwas zugestoßen war? Judith ging zum Fenster und spähte die Straße entlang. Keine Spur von ihrem Auto. Sie bekam Hunger. Sollte sie ein Butterbrot essen?

In der Küche strich sie sich im Stehen ein Brot mit Erdnussbutter, die sie eigentlich nicht mochte. Nicht lange danach schlug im Flur eine Tür; Stimmen erklangen auf der Treppe.

Judith rannte hinaus und sah ihre Mutter die Treppe heraufpoltern, gefolgt von einem Mann in einem hellen Regenmantel. Ihr Gesicht war rot und ihr Blick getrübt. Ab und zu musste sie sich am Treppengeländer festhalten, während sie leicht hin- und herschwankte.

„Heh, du hast erzählt, du hättest einen Sohn. Haben wir jetzt so tief ins Glas gesehen, dass ich ihn für ein Mädchen halte?"

Ihre Mutter fing an zu kichern.

„Nein, du siehst richtig. Ich habe auch noch eine Tochter."

Sie war inzwischen oben angelangt und dabei, ihren Mantel auszuziehen, was nicht so recht gelingen wollte.

„Was fummelst du denn da so ungeschickt herum, mein Schatz", sagte der Mann grinsend. „Warte, ich helfe dir. Im Ausziehen bin ich besser als im Anziehen."

„Gib gefälligst acht, was du sagst. Wir sind hier nicht allein", platzte ihre Mutter auf einmal heraus. Unsicher ging sie ins Wohnzimmer.

„Wir werden doch jetzt nicht empfindlich, was?", bemerkte der Mann und folgte ihr.

Er machte die Tür hinter sich zu, und Judith vernahm unterdrücktes Gelächter. Einige Zeit später erschien ihre Mutter wieder im Flur. Sie versuchte, normal zu reden, aber das gelang ihr nicht ganz; manchmal stolperte sie ein bisschen über ihre Worte.

„Du solltest ... du solltest schon längst im Bett liegen", säuselte sie. „Wie ist es mit Dennis gegangen?"

Judith drehte ihr Gesicht weg, ihre Mutter roch nach Alkohol.

„Ich habe ihm zu essen gegeben und ihn gewaschen und danach ins Bett gebracht."

„Gut so", murmelte ihre Mutter. „Du musst auch ins Bett, und zwar schnell."

Judith wollte erzählen, dass sie auf sie gewartet und bloß ein Butterbrot gegessen hatte, aber ihre Mutter verschwand wieder ins Wohnzimmer.
Sie hörte ihre Mutter lachen, es klang ihr unecht in den Ohren. Oder lag es daran, dass ihre Mutter selten so ausgelassen lachte und es ihr deshalb jetzt so gezwungen vorkam?

Ungefähr zur gleichen Zeit sah der Lehrer die Aufsätze seiner Klasse durch.
„Magst du mir einen Gefallen tun?“, bat er seine Frau, die mit Kaffee hereinkam.
„Bin schon dabei.“ Sie stellte ihm den Kaffee direkt vor die Nase.
Er lachte.
„Noch einen Gefallen. Würdest du diesen Aufsatz einmal lesen?“
„Hast du womöglich ein Wunderkind entdeckt?“
„Nein, das gewiss nicht. Aber ich bin neugierig, was du von dem Aufsatz hältst.“
Er gab seiner Frau ein Blatt Papier.
„Judith van Gelder“, las sie. Die Handschrift war kritzelig und unregelmäßig, die Buchstaben häufig nicht miteinander verbunden.
„Ein Tagesausflug“, stand darüber. Aufmerksam fing sie an zu lesen.
„Was hältst du davon?“, fragte ihr Mann.
„Rührend“, bemerkte seine Frau nachdenklich. „Sie schreibt nur von einer Mutter, und dann noch von was für einer. Das absolute Idealbild. Wie ist ihre eigene Mutter?“
„Keine Ahnung. Ich bin mit ihr nur über Briefe in Kontakt. Sie schreibt immer das Gleiche: dass Judith Kopfschmerzen hat und nicht am Sport teilnehmen kann. Sie ist übrigens

Idealbild *das denkbar beste und vollkommenste Bild von einem Menschen*

noch nicht so lange in der Klasse, erst seit ungefähr sechs Wochen."
„Ist sie eine gute Schülerin?"
„Nein. Sie ist einmal sitzengeblieben, und obwohl sie etwas älter ist als die übrigen, sieht sie jünger aus. Sie macht einen etwas belasteten Eindruck und hält sich ziemlich abseits."
„Ich an deiner Stelle würde etwas auf sie achtgeben."
„Weshalb sagst du das?"
Seine Frau zuckte mit den Schultern und betrachtete die Stacheldrahtbuchstaben auf dem Papier.
„Ich weiß es nicht ... . Aber du hast selber doch auch deine Zweifel, sonst hättest du mich nicht gebeten, das hier zu lesen."
„Du kennst mich zu gut", lächelte er und nahm das Papier wieder von ihr entgegen.

„Weißt du, was ich verrückt finde?", sagte Ineke am gleichen Abend zu ihrem Freund Richard.
Er hörte nicht zu, sondern schaute gespannt auf den Fernsehschirm, wo Fußballspieler emsig über das Feld dribbelten.
„Na?", hakte sie nach.
„Was ist?" Erschrocken drehte Richard sich um.
„Weißt du, was ich verrückt finde?"
„Ja. Dass du mich nie in Ruhe lässt, wenn es ein spannendes Spiel in der Glotze gibt. Immer musst du dazwischenschnattern."
„Du kannst doch hinsehen und gleichzeitig reden", widersprach Ineke, „die Leute spielen bestimmt nicht besser, wenn wir den Mund halten."
„Ich versuche mich zu konzentrieren. Da, ein Tor! Das habe ich jetzt genau verpasst", rief Richard entrüstet.
„Keine Angst, das Tor wird wenigstens fünfzigmal wie-

derholt. Du immer mit deinem Fußball!" Seufzend nahm Ineke Bügelbrett und Plätteisen zur Hand.

Plätteisen *Bügeleisen*

Richard hörte sie nicht mehr; er starrte gespannt auf den Bildschirm. Das Tor wurde aus verschiedenen Perspektiven wiederholt.

„Na, was findest du denn verrückt?", fragte er etwas später, ohne dabei den Fernseher aus den Augen zu lassen.

„Dass du dir dieses blöde Fußballspiel nicht bei deinen Eltern ansiehst", schalt Ineke, „dann könnte deine Mutter auch gleich deine Wäsche bügeln!"

Richard grinste breit. „Ich kann ohne dich nicht sein, mein Schatz. Deshalb. Selbst wenn du mir dauernd in den Ohren liegst. Na, was findest du denn verrückt?"

„Dass eine, die einen platten Reifen hat, sich nicht traut, das ihrer Mutter zu sagen."

„Kommt darauf an. Vielleicht war es das Fahrrad ihrer Mutter, und sie durfte nicht damit fahren."

„Nein, es war ihr eigenes."

„Dann hat diejenige wahrscheinlich ein Aas von einer Mutter."

Aas von einer Mutter *hier: schlechte, bösartige Mutter*

„Auch nicht, ich kenne sie. Sie bringt jeden Tag ihren Kleinen zum Kindergarten. Ihm gegenüber ist sie fast überfürsorglich."

„Ein nervliches Wrack also", meinte Richard und behielt den Bildschirm weiter im Auge. Der Ball rollte ruhig über das Mittelfeld.

nervliches Wrack *hier: sehr unglücklicher und kranker Mensch*

„Was meinst du damit?"

„Ein nervliches Wrack, wahrscheinlich geschieden. Bringt das liebe Söhnchen in den Kindergarten und trabt zu ihrem langweiligen Job mit einem schikanösen Chef, und die Tochter muss es ausbaden, denn an irgend jemandem muss sie ihren Frust auslassen. Bestimmt kriegt das Kind daheim die Hucke voll."

schikanös *hier: gemein, boshaft*

„Also wirklich, ich wünschte, du könntest einmal ernst sein", platzte Ineke los. Ihr Bügeleisen bewegte sich hastig über ein T-Shirt.

„Aber ich bin ganz ernst. Hast du die Vorlage gesehen? Jetzt schießt der Schlappschwanz daneben, der wäre auch besser daheim geblieben."

„Wie kommst du denn darauf, dass sie daheim die Hucke voll bekommt?", fragte Ineke, als der Schiedsrichter die erste Hälfte abpfiff.

„Wie ich darauf komme? Weil ich mal einen Freund gehabt habe, der ständig von seinem Vater Prügel bekam. Niemand wusste davon außer mir, aber ich musste schwören, keinem Menschen davon zu erzählen; denn wenn es herauskäme, würde sein Vater ihn totschlagen, hat er gesagt. Zu seinem Geburtstag bekam er ein Fahrrad. Auf dem durfte er nur am Sonntag fahren, nicht wochentags. Einmal hat er es doch getan, und da ist er in einen Nagel gefahren. Du hättest sein Gesicht sehen sollen, einfach unbeschreiblich! Gut, ich habe mich bereit erklärt, seinem Vater zu sagen, dass ich das Rad aus dem Keller geholt hätte und so weiter und so weiter. Ich kam mir wie sonstwer vor, als ich das anbot, und ich habe es dann sogar gemacht, auch wenn meine Hände dabei nass waren vor Schweiß; der Vater verzog nämlich nicht eine Miene und hatte Augen wie Granit. Außerdem wusste ich, dass er zuschlagen konnte, das machte es auch nicht einfacher. Es ging gut, bis ein jüngerer Bruder hereinkam, der alles verpetzte. Was an dem Abend vorgefallen ist, weiß ich nicht, aber am nächsten Morgen war er tot; mein Freund, meine ich. Aus dem Fenster gesprungen, wenn du mich fragst. Er wohnte im siebten Stock. In der Zeitung stand, er sei Schlafwandler gewesen, er müsse im Schlaf aus dem Fenster gefallen sein. Glaubst du das? Ich jedenfalls nicht."

Granit *sehr hartes Gestein*

„Igitt“, sagte Ineke aus tiefster Seele.

„Du sagst es.“ Richard starrte eine Zeit lang vor sich hin.

„Hans Wieringa, so hieß er. In der Schule nannten ihn alle Hänschen, weil er so ein dürres Kerlchen war. Er konnte sehr gut singen, erinnere ich mich, er sang ein bisschen wie ein Mädchen, ganz außergewöhnlich. Aber gut, was hat einer davon, wenn er mit zehn aus dem Fenster springt.“

Richard schwieg. Die Fußballer betraten wieder das Feld, das Spiel ging weiter.

Ineke zog den Stecker aus der Dose, setzte sich auf die Couch und schmiegte sich dicht an Richard. Der schlang sofort einen Arm um sie.

„Ich wusste nicht, dass Fußball dich interessiert“, sagte er.

„Ich auch nicht“, sagte Ineke. „Da siehst du, wie ein Mensch sich ändern kann.“

6

Gähnend kam Judiths Mutter aus dem Schlafzimmer. Sie rieb sich die Augen, die etwas geschwollen waren.
„Ich gehe heute nicht ins Büro, ich fühle mich viel zu verkatert", sagte sie, während sie in die Küche schlurfte. „Bring du Dennis zum Kindergarten."

verkatert *schlechte körperliche Verfassung nach zu viel Alkoholgenuss*

Judith erschrak und warf einen Blick auf die Uhr. Wenn sie Dennis fortbrachte, würde sie zu spät zur Schule kommen, aber nein zu sagen wagte sie auch nicht.
Eilig begann sie ihren Bruder zu füttern. Ihre Mutter hatte Brei gekocht, doch Dennis wollte nicht essen; immer wenn der Löffel näherkam, drehte er sich weg und hielt die Lippen fest zusammengepresst.
„Ich ... ich habe Angst, zu spät zur Schule zu kommen", warf Judith vorsichtig ein.
„Macht nichts, das eine Mal." Wieder gähnte ihre Mutter aus tiefster Seele. Dann spornte sie Dennis an, doch das half nicht viel.
Zwischendurch erzählte sie vom vorigen Abend. Wie sie nach dem Büro mit einer Kollegin ein Glas trinken gewesen sei. In der Kneipe habe auch Nico gesessen, und es habe sofort gefunkt.
Verrückt: Wenn ihre Mutter gerade jemandem begegnet war, war sie immer anders. Dann wurde sie vertraulich und sprach mit ihr, als wäre sie eine Freundin.
„Er macht in Versicherungen", fuhr sie fort. „Los, Dennis, Bengel, trödle nicht so, der Teller muss leer werden. Na, und dann sind Nico und ich ein Häppchen essen gegangen in der Stadt", ergänzte sie. „Das war vielleicht gemütlich! Er hat geredet, ich hab geredet, Gläschen Wein dazu, und ehe wir wussten wie, war es neun Uhr. Du hast dir doch keine Sorgen gemacht?"

„Ein bisschen doch“, bekannte Judith.

„Vollkommen überflüssig. Ich wusste, du würdest allein mit Dennis fertig werden. Das habe ich auch zu Nico gesagt. Ich sagte: ‚Ich brauche mir keine Sorgen zu machen, meine Tochter regelt das schon zu Hause.‘“

Judith freute sich über das Kompliment, obwohl sie wusste, dass es eine Lüge war. Dieser Nico hatte gestern Abend selbst gesagt, dass ihre Mutter ihm nicht einmal etwas von einer Tochter erzählt hatte!

Kompliment *lobende, freundliche Äußerung*

„Er wollte heute anrufen. Glaubst du, er tut es?“

„Bestimmt.“ Judith hoffte es, denn wenn das nicht geschah, würde ihre Mutter eine miserable Laune haben.

miserabel *jämmerlich, sehr schlecht*

„Und Wilma, die Kollegin, war natürlich eifersüchtig, du weißt schon, Wilma mit den Locken, du hast sie schon einmal gesehen. Fast erstickt vor Eifersucht ist sie, die Wilma, bloß weil er mich eingeladen hat und nicht sie. Die sieht mich eine Woche lang nicht an, das sage ich dir.“ Ihre Mutter grinste triumphierend und warf ihr blondes Haar zurück.

Judith sagte nichts. Sie war Wilma einmal begegnet, einer Frau mit einem breiten Gesicht und tiefliegenden Augen, die etwas Argwöhnisches hatten.

argwöhnisch *misstrauisch*

„So, also du bist Judith“, hatte sie gesagt und sie dabei von Kopf bis Fuß gemustert.

Sie hatte genickt.

„Hast du vielleicht die Sprache verloren?“, hatte ihre Mutter sie angeraunzt.

„Guten Tag“, hatte sie rasch gemurmelt. Als sie danach hinauf in ihr Zimmer ging, hatte sie ihre Mutter sagen hören: „Man weiß nie, woran man mit dem Kind ist. Sie kann einen reizen bis aufs Blut.“

Oft dachte sie über diesen Satz nach. Was machte sie bloß falsch, und wie musste sie sich verhalten, um das Wohlwollen ihrer Mutter zu erlangen?

„Wilma wird vor Eifersucht ersticken“, wiederholte ihre Mutter, „weil Nico nicht auf sie abgefahren ist, sondern auf mich. Das kann sie nicht vertragen. Komm, Dennis, noch ein paar Löffelchen. Bist ein großer Junge.“ Sie wischte ihm den Mund ab und drückte ihn. Judith sah still zu.

„Heh, dös nicht so vor dich hin! Wieso holst du nicht Dennis‘ Jacke, dann tust du wenigstens etwas Nützliches!“

Als Judith mit der Jacke zurückkam, sagte ihre Mutter: „Ich hole Dennis heute Nachmittag vom Kindergarten ab, dann brauchst du das nicht zu tun.“

Judith warf einen letzten Blick auf die Uhr. Sie würde bestimmt eine Viertelstunde zu spät kommen.

Mit Dennis auf dem Gepäckträger trat Judith auf die Straße. Sie schob das Rad, weil sie Angst hatte, Dennis könnte sonst herunterfallen.

Sie hatte gesehen, wie sich die Gardinen der Nachbarn unten wieder bewegt hatten, und hatte die Augen von Frau van Klaveren in ihrem Rücken gespürt. „Die Spanner“ nannte ihre Mutter das Ehepaar.

Spanner *heimlicher Beobachter*

„Da laufen sie“, berichtete Frau van Klaveren.

„Wer?“ Eigentlich wusste ihr Mann schon die Antwort.

„Dieses Mädchen und der kleine Bengel.“

„Nicht die Mutter?“

„Nein.“

Frau van Klaveren hatte Rheuma und saß den ganzen Tag in einem Sessel am Fenster. Ihr Mann versorgte sie und erledigte die Einkäufe. Einmal in der Woche kam eine Familienhilfe; ein Mädchen mit zwei linken Händen, höhnte Frau van Klaveren, aber ihr Mann fand, so schlimm sei es gar nicht. Sie habe eine aufgeräumte Natur, sagte er, worauf Frau van Klaveren boshaft zu bemerken pflegte, sie hätte lieber eine aufgeräumte Wohnung.

höhnen *spottend reden*

Das Gemeckere seiner Frau glitt an ihm ab; er hatte sich im Lauf der Zeit so daran gewöhnt, dass er es kaum mehr hörte.

„Die Mutter ist gestern Abend mit einem Mannsbild nach Hause gekommen“, wusste seine Frau zu berichten.

„Das ist doch nicht verboten.“

Frau van Klaveren verlagerte vorsichtig ihr Bein, dessen Knöchel schmerzhaft angeschwollen war.

„Jetzt muss das arme Schaf den Kleinen zum Kindergarten bringen, während sie noch im Bett liegt.“

„Woher weißt du das?“, fragte ihr Mann.

„Na, ihr Auto steht doch noch vor der Tür.“ Frau van Klaveren sah, wie Judith um die Ecke bog.

„Irgend etwas stimmt nicht mit den Nachbarn über uns.“

Was jetzt folgen würde, hatte Herr van Klaveren schon so häufig gehört, dass der Ernst des Gesagten ihn nicht mehr beeindruckte.

„Diese Mutter verdrischt das arme Schaf“, fing Frau van Klaveren an.

„Komm, lass gut sein“, besänftigte Herr van Klaveren sie automatisch, „so schlimm wird es da schon nicht zugehen. Mein Vater hat mitunter auch Hiebe ausgeteilt. ‚Wer seine Kinder liebt, spart die Rute nicht‘, hat er immer gesagt.“

„Na, dann muss unsere Nachbarin oben ja ganz verrückt sein nach ihrer Tochter; bloß die Wirklichkeit ist anders.“

„Wir haben sonst wenig Ärger mit den Leuten. Tagsüber sind sie fort.“

„Und was ist mit dem Geschrei und Geheule von dem Mädchen?“

„Es kann genauso gut der Fernseher sein, der laut gestellt ist“, wehrte ihr Mann ab, „und außerdem heißt es: ‚Der milde Arzt schlägt grobe Wunden.‘“

„Womit hat das denn wieder zu tun?“

„Mit der Frau natürlich. Wie sie ihre Tochter erzieht, ist ihre Sache, da müssen wir uns nicht einmischen. Schau, da ist Henny."

„Die kommt wie immer ordentlich zu spät", bemerkte seine Frau.

„Besser spät als nie."

„Du bist genau wie ein Sprichwörterlexikon, du", schimpfte seine Frau.

Herr van Klaveren schlurfte erleichtert zur Tür und öffnete, noch bevor es geklingelt hatte.

Judith klopfte an die Tür.

„Herein", rief der Lehrer. Fünfundzwanzig Paar Augen sahen Judith an.

„Wieso kommst du so spät?", fragte der Lehrer.

„Meine ... meine Mutter ist krank, und da musste ich ... da musste ich meinen kleinen Bruder in den Kindergarten bringen."

„Setz dich schnell auf deinen Platz. Wir haben gerade Geschichte."

befangen *verlegen, unsicher*

Befangen ging Judith zu ihrem Tisch, rutschte auf ihren Stuhl und nahm ihr Geschichtsbuch heraus. Sie versuchte wirklich, mit den Gedanken beim Unterricht zu sein, doch Dianas vielsagende Blicke entgingen ihr nicht. Diana sah dauernd in ihre Richtung und anschließend hinüber zu Michiel. Als der Lehrer etwas auf die Tafel schrieb, begann sie mit Robert zu tuscheln, und jetzt schauten sie zusammen in ihre Richtung und grinsten.

In der Pause gesellte sich Michiel zu ihr.

„Hi", sagte er unbekümmert, „gut nach Hause gekommen gestern?"

Judith nickte verlegen. Sie hätte gern etwas gesagt, aber ihr fiel so schnell nichts ein. Außerdem zog Diana sie mit

sich fort und versuchte, sie über Michiel auszuhorchen; wo er wohne und was sie gemacht hätten.
Judiths Antworten waren so vage, dass Diana schalt: „Von dir hat man auch nie etwas!“

Zwei Tage später, als Judith auf dem Weg zum Aufenthaltsraum war, tauchte Michiel plötzlich neben ihr auf.
„Kommst du mit?“, fragte er.
„Mit?“
„Ja. Du kannst dein Butterbrot genauso gut bei uns aufessen.“
Judith starrte ihn ungläubig an. Meinte er das wirklich?
„Na, kommst du?“ Er machte eine Kopfbewegung in Richtung Schultür.
„Okay“, rief Judith froh. Sie konnte es noch immer nicht glauben, aber kurze Zeit später rannten sie schon über den Schulhof zu den Fahrrädern.

Genauso wie beim letzten Mal kamen David und Frank aus dem Haus gestürmt, sobald das Gartentor aufschwang.
„Judith, Judith ...“, schrien sie jetzt, als sei sie eine alte Bekannte. „Spielst du wieder mit uns?“ Sie zogen an ihrer Jacke.
„Also wollt ihr Judith wohl in Ruhe lassen? Erst wird gegessen.“
„Und dann spielen wir, ja?“ Zwei Augenpaare blickten sie erwartungsvoll an.
„Wenn noch Zeit ist“, versprach Judith.
„Du weißt nicht, was du da sagst. Jetzt lassen sie dich nie mehr in Ruhe“, prophezeite Michiel.
Michiels Tante war in der Küche beschäftigt, während das kleine Mädchen um sie herumwuselte. Wieder fiel Judith auf, wie die Tante Michiel einen Kuss gab und ihn dabei liebevoll an den Haaren zog.

prophezeien
vorhersagen, ankündigen

„Hallo, Judith. Isst du ein Butterbrot mit uns?“ Sie gab Judith die Hand und legte die andere auf ihre Schulter.
„Hallo“, grüßte Judith leise. „Ich … ich hab selber Butterbrote dabei. Michiel hat mich gefragt, ob …“
Sie fing an zu stottern.
„Aber du möchtest doch bestimmt einen Teller Suppe?“
Sie nickte.
„Deckt ihr dann den Tisch?“
Judith war froh, dass sie das tun konnte.
„Das machst du bestimmt öfter“, erriet Michiels Tante, als sie sah, wie geschickt Judith die Teller und Milchgläser auf den Tisch stellte.
„Ja.“

geschunden *gequält, ausgebeutet*

„Kinder werden immer geschunden“, sagte Michiel. „Ich zum Beispiel muss staubsaugen, die Betten machen und abwaschen. In diesem Haus gibt es nicht einmal eine Spülmaschine, das muss man sich mal vorstellen!“
„Du hast es schwer“, bestätigte seine Tante sofort. „Du hast die Einkäufe noch vergessen.“
„Ach ja … die Einkäufe; immer diese lausig schweren Taschen!“ Michiel seufzte kläglich.
„Und der Garten“, ergänzte Tante Elly weiter.
„Und nicht zu vergessen die Kinder; die muss ich natürlich erziehen“, sagte Michiel. „Du bringst, was das angeht, ja rein gar nichts zustande.“
Er hob das Mädchen hoch und setzte es auf die Spüle. Aus einer Schublade fischte er ein Lätzchen.
„Bichiel, Bichiel …“, krähte die Kleine und zog ihn an den Haaren.
„Sie macht aus jedem M ein B“, erklärte Michiel, „aus ‚mein‘ wird ‚Bein‘ und aus einem Märchen ein Bärchen. Ich glaube, sie macht das absichtlich, sie kann nämlich wohl Mama sagen.“

„Mama“, wiederholte sie und zeigte auf ihre Mutter.

„Da siehst du’s“, sagte Michiel und lachte.

„Wie heißt du?“, fragte Judith. Es wunderte sie, dass sie das einfach so zu fragen wagte.

„Bichèle“, rief sie, „Bichèle.“

„Michèle also“, meinte Michiel lachend.

„Sie hat den gleichen Namen wie Michiel, bloß als Mädchenname“, erklärte einer der Zwillinge. Judith konnte sie noch immer nicht auseinanderhalten. „Stimmt doch, Mama, oder?“

Seine Mutter nickte.

„Ich weiß, weshalb sie so heißt“, fing sein Zwillingsbruder wichtig an, „weil Michiel ...“

„Los, David, beeil dich ein bisschen mit dem Essen“, fiel Michiel ihm ins Wort, „sonst sitzt du in einer Stunde noch hier.“

Aber David ließ sich nicht ablenken.

„Weil Michiel ...“

„Ja, das wissen wir mittlerweile“, warf Michiel wieder dazwischen.

„Aber Judith doch nicht“, rief David entrüstet.

„Michiel hat Michèle gebracht, stimmt‘s, Mama?“

„Gebracht? Sag lieber geholt“, erwiderte seine Mutter lachend.

„Ja, aus Mamas Bauch.“ David (oder Frank?) zeigte stolz auf den Bauch seiner Mutter.

Michiel wurde rot und kaute verbissen auf seiner Graubrotstulle. Weshalb musste David das jetzt erzählen? An Judiths Miene war deutlich abzulesen, dass sie nicht die Spur begriff. Davids Mutter merkte es auch.

„Das Baby kam so unerwartet, dass keine Zeit mehr war, den Arzt zu rufen. Da hat Michiel die Sache in die Hand genommen. Das Ergebnis siehst du“, erzählte sie ruhig.

Sie legte ihre Hand auf Michiels Kopf.
„Und sie hatte auch noch einen Strick um den Hals, nicht, Mama?“, rief David. Für ihn war es noch immer eine spannende Geschichte.
„Er meint die Nabelschnur“, erläuterte seine Mutter. „Die war dreimal um ihren Hals gewickelt. Sie schrie zuerst nicht, und ein Baby muss sofort schreien, das weißt du. Michiel sah sofort, dass etwas nicht stimmte, und brachte es in Ordnung. Ein Arzt hätte es nicht besser machen können. Na, und da hat sie gleich tüchtig losgebrüllt.“
„Whow“, war alles, was Judith hervorbringen konnte. In ihrer Stimme lag aufrichtige Bewunderung. Bewunderung nicht nur für Michiel, sondern auch dafür, dass hier so offen über so etwas gesprochen wurde.
„Jetzt will ich ein Brot mit Erdnussbutter“, rief David. „Und du musst es schmieren.“ Er legte die Brotschnitte auf Judiths Teller.
„Das kannst du doch schon selber“, sagte seine Mutter. „Judith kann es auch schon selber.“
„Das nennt man Logik“, sagte Michiel.

Logik *hier: eine richtige, schlaue Bemerkung*

Judith lachte. Sie strich das Butterbrot und wischte den Tisch sauber, als Michèle einen Becher Milch umwarf. Sie fühlte sich zusehends wohler und genoss das Stimmengewirr, die warme Suppe und die Gemütlichkeit.
Als alle fertig waren, räumten Judith und Michiel schnell den Tisch ab.
„Was machst du lieber, spülen oder abtrocknen?“, fragte Judith, während sie Wasser in eine Spülschüssel laufen ließ.
„Keins von beiden“, entgegnete Michiel und lachte.
„Dann trocknest du eben ab.“ Schon hatte Judith ihm ein Geschirrtuch in die Hände gedrückt. Eifrig begann sie mit dem Abwasch.

„Das ist aber schnell gegangen“, sagte Michiel, als sie fertig waren.

„Hast du mich deshalb gebeten mitzukommen?“, fragte Judith lachend. Dass sie sich das traute!

„Klar“, sagte Michiel.

Mit den Zwillingen zu spielen, blieb keine Zeit mehr.

„Kommst du morgen wieder?“, fragte Frank.

Judith wusste nicht, was sie darauf antworten sollte, sie schaute Michiels Tante unsicher an.

„Wenn's nach mir geht, darfst du so oft kommen, wie du willst, mein Kind“, sagte sie herzlich.

Judith errötete.

„Also morgen“, sagte sie.

Als sie zurück zur Schule radelten, sagte Judith: „Deine Tante ist aber vielleicht nett.“

„Tante Elly ist okay“, bestätigte Michiel. „Onkel Bob übrigens auch. Und mit den Kleinen lässt sich's ebenfalls leben, auch wenn ihr ewiges Geplapper einen manchmal nervt.“

Sie mussten absteigen, weil die Ampel auf Rot stand.

„Du erzählst es doch keinem weiter?“

Judith schaute verstohlen zur Seite. Michiel tat, als konzentriere er sich voll auf die Ampel.

„Du meinst das von Michèle? Dass du sie ...“

„Ja.“

„Ich erzähle nie etwas weiter.“

„Hab ich mir schon gedacht.“

Michiel hatte noch keine Ahnung, wie sehr das stimmte.

7

An diesem Nachmittag fuhr Judith fröhlich nach Hause. Es war so ein schöner Tag gewesen. Zuerst die Zeit bei Michiel, und dann eine Zwei für ihren Aufsatz! „Sehr gut, Judith", hatte der Lehrer gesagt, als er ihr das Blatt zurückgab.

Sprint *schneller Kurzstreckenlauf*

Da kam ihre Straße schon in Sicht; noch ein kurzer Sprint, und sie war da. Keuchend sprang sie vom Rad. Die Gardine unten wurde beiseitegeschoben. Judith winkte; es ging ganz von selbst. Sie fühlte sich so froh und leicht, dass sie jedem hätte zuwinken können.

Frau van Klaverens Gesicht veränderte sich. Sie hob die Hand und winkte förmlich zurück.

„Wem winkst du da?", fragte ihr Mann.

„Dem armen Schaf, dem Kind von oben. Sie kommt ohne ihr Brüderchen. Den holt ihre Mutter wahrscheinlich ab, die habe ich nämlich vor einer Viertelstunde im Auto davonfahren sehen."

Verschlag *Hütte, Schuppen*

Judith ging durch den schmalen Gang neben dem Haus, der zum Geräteschuppen führte, einem baufälligen Verschlag mit undichtem Dach. Sorgfältig schloss sie ihr Fahrrad ab. Ehe sie ins Haus ging, winkte sie Frau van Klaveren noch einmal zu; diese lächelte. Vielleicht war sie gar nicht so schlimm, dachte Judith. Ihre Mutter behauptete zwar, sie sei eine griesgrämige Spannerin, aber wenn man den ganzen Tag in einem Sessel vorm Fenster saß, hatte man auch nicht viel anderes zu tun.

Es war still im Haus; ihre Mutter holte wahrscheinlich Dennis vom Kindergarten ab.

Judith rannte nach oben, feuerte übermütig ihre Tasche in den Flur und öffnete die Tür zum Wohnzimmer.

Verwundert sah sie sich um. Schubladen waren aufgezogen; überall lagen Papiere herum, so als habe jemand das

Haus durchsucht. Sogar auf dem Fußboden lagen Papiere. Was hatte das zu bedeuten?

Automatisch hob Judith sie auf und legte sie auf einen Stapel. Unten schlug eine Tür. Waren das ihre Mutter und Dennis? Sie hörte keine Stimmen und auch keine kleinen Füße, die die Treppe herauftrippelten.

Kurz darauf flog die Tür auf. Verkehrt, erriet Judith sofort und erstarrte. Da stand ihre Mutter, bleich, die Lippen zusammengepresst. Geradewegs steuerte sie auf Judith zu, die zurückwich. Sie packte sie am Arm und schleifte sie hinaus auf den Flur.

„Nach oben, marsch!" Ihre Stimme war tief vor verhaltener Wut. Judiths Herz klopfte, und ihre Beine wurden schlaff. „Oben" bedeutete eine noch härtere Züchtigung. Wenn sie schrie, konnte sie dort niemand hören. Trotzdem gehorchte Judith blindlings; sie flüchtete sich in ihr Zimmer. Auch da war alles durcheinandergeworfen. Kleidungsstücke, Bücher, Hefte, sogar ihr Sparschwein lag zerschmettert am Boden. Der Schrank in der Ecke stand weit offen. Das Laken, durchzuckte es sie. Mama hat das Laken gefunden.

verhalten *unterdrückt*

Sie war so bestürzt, dass sie dem ersten Schlag nicht auswich. Knallhart schlug die Mutter ihr ins Gesicht. Sie wankte, zwei Hände ergriffen sie und rüttelten sie durch.

„Du dreckiges Mistding, gib das Geld wieder her!"

Judith konnte kaum einen Gedanken fassen. Geld, welches Geld?

„Los, gib her", zischte ihre Mutter. Ein zweiter Schlag folgte.

„Ich habe kein Geld", stieß Judith hervor. Sie versuchte, ihr Gesicht zu schützen.

„Du hast Geld aus meiner Tasche gestohlen!", schrie ihre Mutter.

„Nicht, Mama, nicht …“, flehte Judith. „Ich habe kein Geld, wirklich nicht!“

„Immer auf die heimliche Tour, was! Du hast sicher geglaubt, ich käme nicht dahinter!“

„Ich habe nichts getan“, schluchzte Judith. Ach, wenn die Mutter bloß aufhörte!

Ihr Mutter ließ tatsächlich von ihr ab. Sie keuchte.

„Und was ist das?“ Sie zog ein zerknülltes Laken aus ihrem Schrank und hielt es Judith triumphierend unter die Nase. „Versteckt! Du hast bestimmt geglaubt, ich würde nicht merken, dass du ins Bett pisst. Wolltest es wohl vor mir verheimlichen, was, genauso wie die hundert Gulden, die du aus meiner Tasche hast mitgehen lassen? Los, sag, wo sie sind, oder ich breche dir sämtliche Knochen!“

Gulden *Währung in den Niederlanden vor Einführung des Euro*

„Ich habe sie nicht, Mama. Wirklich nicht! Nein, nicht ins Gesicht, Mama, nicht …“

Judith wehrte die Schläge ab, so weit sie konnte, und ließ sich vornüber auf ihr Bett fallen. Die Fäuste ihrer Mutter trafen sie im Rücken und in der Seite.

„Nicht, Mama … nicht“, schluchzte sie.

„Los, rede!“

„Ich habe es nicht“, schrie Judith.

Plötzlich war es vorüber, ihre Mutter rannte aus dem Zimmer. Judith kam hoch und schloss zitternd ihre Tür zu. Ängstlich wartete sie ab.

Schritte kamen die Treppe hochgerannt, sie hörte ihre Mutter keuchen. „Mach die Tür auf …“ Es klang drohend.

„Mama, ich habe nichts geklaut. Du musst mir glauben“, flehte Judith.

„Mach auf!“ Die Mutter warf sich mit ihrem vollen Gewicht gegen die wacklige Tür.

Erst beim vierten Mal gab das Schloss nach. Ihre Mutter

taumelte ins Zimmer. In ihrer Hand hatte sie das Staubsaugerrohr.

„Bitte ... Mama, bitte ...“, flüsterte Judith tonlos. Die ersten Schläge trafen schon ihren Rücken, ihre Arme, ihren Po. Wie viele würden folgen? Judith floh zu ihrem Bett, wo sie zusammengekauert den Kopf unter dem Kissen verbarg. Endlich war es vorüber.

Still blieb sie liegen, sie weinte nicht einmal mehr. Alles tat weh, das Blut rauschte in ihrem Kopf, ihr Rücken und ihr Po glühten. Sie wünschte, es gäbe sie nicht, man hätte sie nie geboren.

Im Haus hing eine dumpfe Stille. Vorsichtig versuchte Judith sich aufzurichten. Sie stöhnte; ihr ganzer Körper schmerzte. Stumpf starrte sie vor sich hin, die Verwüstung um sich herum bemerkte sie kaum mehr; nur das Schlagen der Haustür drang noch zu ihr durch. Sie hörte Dennis‘ hohes Kinderstimmchen. Ihre Mutter hatte ihn vom Kindergarten abgeholt. Anhand der Geräusche konnte sie verfolgen, was unten vor sich ging: Jacke aus – Dennis wollte sie immer selbst aufhängen –, danach seine Trippelschritte zur Küche, wo er etwas zu trinken bekam.

Etwas später hallten langsame Schritte auf der Treppe. Judith erstarrte und wartete ängstlich ab.

Die Tür, die einen Spalt offen stand, ging auf. Sie wagte nicht hinzusehen. Erst als nichts geschah, hob sie den Kopf.

Da stand ihre Mutter; ihre Augen waren wie erloschen. Sie kam auf Judith zu und setzte sich neben sie aufs Bett.

Zuerst sagte sie nichts. Judith starrte zu Boden, sie sah die Schuhe ihrer Mutter, die Füße waren nach innen gekehrt, genau wie die ihren. Plötzlich vernahm Judith ein leises Schluchzen. Ihre Mutter weinte. Weinte ihretwegen, weil sie glaubte, sie habe das Geld gestohlen.

„Ich … ich habe es nicht getan, Mama. Wirklich nicht. Ich habe kein Geld gestohlen“, beschwor Judith sie verzweifelt. „Wohl das Bettlaken … das war nass …“ Sie fing an zu stottern. „Ich weiß nicht, wie es gekommen ist. Ich habe geschlafen, und als ich wach wurde, war alles nass. Ich wollte es in den Waschsalon bringen … von meinem eigenen Gesparten … und … und …“

Das Geschluchze neben ihr verwirrte sie völlig.

„Ach, Judith, was soll bloß aus uns werden“, brachte ihre Mutter kaum verständlich hervor.

Judith verstand sie nicht; was meinte sie?

„Ich habe kein Geld gestohlen, Mama“, fing sie wieder an.

„Das ist es nicht, das ist es nicht …“ Ihre Mutter wiegte den Oberkörper hin und her und stammelte schluchzend: „Ich will dich nicht schlagen, aber es ist stärker als ich. Ich kann es nicht zurückhalten.“

Judith schwieg verstört.

„Habe ich dir sehr wehgetan?“ Es klang fast unterwürfig, und sie wischte sich die Augen.

Judith antwortete nicht.

Zögernd legte die Mutter ihr einen Arm um die Schulter.

„Ich will dir nicht wehtun“, wiederholte sie und fing wieder an zu schluchzen.

„Du musst nicht weinen, Mama“, sagte Judith mit zittriger Stimme.

„Du verstehst es nicht, du verstehst es nicht.“ Ihre Mutter barg ihr Gesicht in den Händen. „Wie sollst du auch etwas davon kapieren, wenn ich es selber nicht einmal begreife.“

bergen *verbergen, verstecken*

Trotz ihrer Müdigkeit konnte Judith nicht einschlafen. Jede Bewegung tat ihr weh. Sie dachte an die vergangenen Stunden. Die waren schön gewesen, ihre Mutter hatte alles getan, ihnen den Abend gemütlich zu machen. Sie hatte sogar eine Sahnetorte gekauft, aber verrückterweise war ihr davon schlecht geworden. Die weiche Schlagsahne widerstrebte ihr, ihr Magen war wie ein Knoten. Um die Stimmung nicht zu verderben, hatte sie das große Stück auf ihrem Teller mit Mühe aufgegessen. Gerade noch rechtzeitig hatte sie es zur Toilette geschafft, wo sie würgend alles wieder ausgespuckt hatte. Zum Glück war ihre Mutter nicht böse geworden.

„Du musst einfach ein paar Tage zu Hause bleiben“, entschied sie. „Ich rufe morgen in der Schule an und sage, dass dein Magen ganz durcheinander ist.“

Ihre Mutter erschien geradezu erleichtert über diese Ausrede. Ihr Fehlen hatte jetzt einen anderen Grund. Die Striemen auf ihren Armen und ihrem Rücken würden in einigen Tagen wohl verblasst sein, ebenso der blaue Fleck unter ihrem Auge.

Ihre Mutter hatte auch keine Schwierigkeiten wegen des Bettlakens gemacht. „Das stecke ich morgen in die Waschmaschine“, sagte sie. „Mach dir deswegen keine Sorgen. So etwas kann jedem passieren.“

Später am Abend, als sie vor dem Fernseher saßen, hatte Nico angerufen. Ihre Mutter war sehr lange am Telefon geblieben.

„Weißt du, dass man mir hundert Gulden aus dem Portemonnaie geklaut hat?“, erzählte sie. „Wahrscheinlich in dieser Kneipe, als meine Tasche an der Stuhllehne hing. Was sagst du? Nein, bist du verrückt, das möchte ich nicht, ich komme schon zurecht; aber ich finde es lieb von dir, dass du mir das anbietest.“

Danach hörte Judith sie sagen: „Morgen nicht, Nico. Meiner Tochter geht es nicht gut, die hat Bauchgrippe. Übermorgen vielleicht.“

Ihre Mutter strahlte auf einmal. „Weißt du, was Nico mir angeboten hat? Mir hundert Gulden zu schenken, weil es ihm so leidtat, dass man mich bestohlen hat. Ihm wäre das schon ein paarmal passiert, hat er erzählt. Es sind Taschendiebe, die sind hundsgemein frech, sagt er, man kann nicht vorsichtig genug sein."

Den restlichen Abend über war ihre Mutter sehr aufgekratzt. Das wirkte ansteckend; nur schade, dass ihr so schlecht war. Als sie zu Bett ging, bereitete ihre Mutter ihr eine Wärmflasche, weil ihr so eiskalt war.

Judith starrte ins Dunkel. Sie fühlte, wie ihre Augen brannten. Immer wenn ihre Mutter lieb zu ihr war, musste sie weinen. Sie horchte auf die Geräusche draußen; eine Katze schlich durch eine Dachrinne, und etwas später raste ein hochfrisiertes Moped durch die Straße.

hochfrisiert *mit gesteigerter Motorleistung und deshalb sehr laut*

Wenn sie morgen nicht zur Schule ging, konnte sie mittags auch nicht mit zu Michiel. Schade, dabei war es dort so schön. Vielleicht nahm er jetzt ja jemand anders mit.

Judith seufzte. Nein, daran durfte sie nicht denken. Still blieb sie liegen, und zuletzt schlief sie ein. Jedes Mal wenn sie sich nachts umdrehte, spürte sie die Schmerzen in ihrem Rücken. Gegen Morgen schrak sie hoch, ganz plötzlich. Sofort war ihr klar: Ihr Bett war wieder nass.

8

Michiel konnte ein Gefühl der Enttäuschung nicht unterdrücken, als er bemerkte, dass Judiths Platz leer war. Würde sie zu spät kommen, oder war sie wieder krank? Es passierte häufiger, dass sie nicht zur Schule kam. Er versuchte, mit seinen Gedanken beim Erdkundeunterricht zu bleiben. Der Lehrer erzählte von den Regenwäldern, wie wichtig die seien. Erdkunde war eines seiner Lieblingsfächer, und trotzdem schweiften seine Gedanken immer wieder ab.

Wie wenig er eigentlich von Judith wusste. Sie mochte Steffie zwar äußerlich ähneln, jener Steffie, an die er sich erinnerte, aber ansonsten war sie ganz anders. Steffie war fröhlich und offenherzig gewesen, Judith aber war in sich gekehrt. Eigentlich genauso, wie ich vor ein paar Jahren gewesen bin, durchfuhr es ihn. Ein seltsamer Gedanke. Wie kam er auf einmal darauf? Judith hatte nicht einmal einen Vater, bloß eine Mutter und einen kleinen Bruder.

Er wusste nicht, wo sie wohnte, aber das herauszufinden war leicht. Er konnte den Lehrer danach fragen oder im Telefonbuch nachschlagen. Aber vielleicht hatten sie kein Telefon. Also der Lehrer, beschloss er. Dann konnte er heute Nachmittag zu ihr. Der Gedanke munterte ihn auf.

„Ach, sind wir mit unserem Kopf wieder ganz woanders, Michiel?“, fragte der Lehrer.

„Ja“, gab er sofort zu.

Woran der Lehrer sehen konnte, dass man an etwas anderes dachte, hatte Michiel nie verstanden.

Er war jetzt ganz Auge und Ohr für den Videofilm, in dem Bulldozer als alles verwüstende Monster einen Urwald angriffen. Sägen kreischten und lange Baumstämme wurden auf Lastwagen abtransportiert. Die Menschen im Urwald,

Bulldozer *Traktorart, schwere Zugmaschine zur Bearbeitung des Bodens* die dort schon seit Jahrhunderten lebten, meldeten sich zu Wort. Es waren wütende, verzweifelte Menschen, und Michiel teilte ihren Schmerz. Es gab einen Europäer, der schon jahrelang mit ihnen zusammenlebte und ihre Sprache beherrschte. Er versuchte, den Urwald zu retten und die Arbeiten durch Sabotage zu stoppen. Auf seinen Kopf war ein hohes Preisgeld ausgesetzt, aber in all den Jahren hatte niemand ihn verraten. Er versteckte sich im Urwald und wechselte mithilfe der Einheimischen immer wieder seinen Aufenthaltsort.

Sabotage *absichtliche Störung des Arbeitsablaufs*

Michiel seufzte, als der Film zu Ende war, genauso wie die anderen. Er fand es schade, dass die Pausenglocke ging.

Alle rannten ins Freie, nur er beeilte sich nicht und blieb zurück.

„Los, kommst du?", drängelte Robert. „Dann können wir noch ein paar Bälle treten."

„Geh schon mal vor, ich komme gleich."

Als er allein war, ging Michiel zum Lehrer. Plötzlich verlegen, räusperte er sich.

„Eh ... eh ... ich hätte eine Frage."

„Schieß los."

„Wissen Sie Judiths Adresse?"

„Nicht auswendig, aber ich kann sie rasch für dich heraussuchen." Er ging zum Klassenschrank und nahm das Buch mit den Adressen der Schüler heraus. „Ihre Mutter hat heute früh angerufen, sie ist wieder einmal krank. Ihr fehlt häufiger etwas. Willst du sie besuchen?"

„Vielleicht", brummte Michiel möglichst gleichgültig.

„Hier habe ich ihre Adresse. Ich schreibe sie dir auf, und die Telefonnummer dazu. Vergiss nicht, sie von mir zu grüßen, und erzähl mir morgen, wie es ihr geht."

„Okay." Michiel hatte sich schon umgedreht.

„Ach, warte einen Augenblick, Michiel ... hier." Der Lehrer bückte sich und wühlte in seiner Tasche. Er fischte eine Tüte Lakritz heraus.

„Nimm das für sie mit."

Michiel zögerte.

„Aber ich weiß nicht sicher, ob ich gehe."

„Für den Fall des Falles."

Michiel nahm die Tüte Lakritz entgegen, schob sie in die Hosentasche und rannte hinaus auf den Flur.

„Wo hast du bloß so lange gesteckt?" Robert wartete beim Ausgang und ließ ungeduldig den Ball aufschlagen.

Michiel grinste, antwortete jedoch nicht.

„Bei Judith womöglich?"

„Gut beobachtet."

„Die ist ja nicht mal zur Schule gekommen, Mann. Ich verstehe übrigens nicht, was du in der Tussi siehst."

„Ich seh, ich seh etwas, was du nicht siehst." Lachend riss er Robert den Ball aus den Händen und köpfte ihn geschickt. Das konnte er Ewigkeiten durchhalten.

Robert zuckte mit den Schultern. Aus diesem Michiel wurde man mitunter überhaupt nicht schlau.

Judith erschrak, als es läutete.

„Niemanden hereinlassen", hatte ihre Mutter gesagt. „Wenn es klingelt, lass es klingeln. Nicht aufmachen. Und du darfst auch nicht aus dem Haus gehen. Ich werde Dennis heute Nachmittag abholen."

Ein Blick in den Spiegel verriet ihr, weshalb sie nicht aus dem Haus durfte: Der blaue Fleck neben ihrem Auge war deutlich zu sehen.

Ihre Mutter war noch immer besorgt. Sie hatte sogar vom Büro aus angerufen und wissen wollen, wie sie sich fühlte. „Gut, Mama", hatte Judith ihr versichert, „und ich habe die Wäsche über der Treppe aufgehängt.“ Dann wusste ihre Mutter sofort, dass sie nicht einmal auf dem Balkon gewesen war, wo sie meistens die Wäsche trocknen ließen. Keine von beiden erwähnte die Prügel.

Eigentlich war es ein Glück, dass sie heute zu Hause bleiben musste. So hatte sie ihr nasses Bettlaken heimlich in die Waschmaschine stecken können, damit Mama nicht dahinterkam, dass sie zum zweiten Mal ins Bett genässt hatte. Die Matratze hatte sie vor das offene Speicherfenster gelegt, in der Hoffnung, dass sie trocknete.

Speicherfenster *Fenster in einer Dachkammer*

Wieder das schrille Läuten der Klingel; diesmal hielt es sehr lange an, es machte sie nervös. Wer klingelte bloß so lange?

Plötzlich hörte es auf; eine leere Stille trat ein. Judith ging zum Fenster mit den herabgelassenen Kunststoffjalousien. Sie konnte von hier nicht sehen, wer vor der Tür stand; dazu hätte sie das Fenster aufschieben müssen. Die schmalen Streifen der Jalousie begrenzten ihre Aussicht auf die von unzähligen Autos zugeparkte Straße. Zwischen diesen Autos erblickte sie einen Radfahrer mit einer blaugrünen Jacke. Der drehte sich um und schaute nach oben. Es war Michiel!

Erschrocken trat Judith einen Schritt zurück. Es war also Michiel, der geklingelt hatte, wahrscheinlich hatte er sie besuchen wollen.

Sie ließ sich auf die Couch fallen. Au, das tat weh. Judith biss sich auf die Unterlippe.

Einerseits war sie froh, dass sie nicht aufgemacht hatte. Michiel hätte bestimmt gefragt, wie sie zu dem blauen Fleck gekommen war, und da hätte sie ihn anlügen müssen. Und doch fand sie es auch schade. Er war eigens ihretwegen gekommen. Niemand aus dieser Schule hatte das jemals getan.

Sie erschrak, als das Telefon schrillte. Ob das wieder ihre Mutter war?

„Judith van Gelder.“

„Heh, wo hast du gesteckt?“, klang es ungeduldig von der anderen Seite. Judith war einen Augenblick sprachlos; sie erkannte sofort Michiels Stimme.

„Ich ... ich ...“, begann sie.

„Hast du die Klingel nicht gehört?“

„Ich ... ich ...“, stotterte Judith erneut, „wo bist du?“

„Beim Metzger um die Ecke, bei ihnen durfte ich telefonieren. Ich bin in zwei Minuten bei dir.“

Er hatte aufgelegt, ehe sie widersprechen konnte. Einen Augenblick lang war Judith verzweifelt. Was nun? Sie musste ganz normal tun, vor allem ganz normal. Und der blaue Fleck auf ihrer Wange – das war ein Junge gewesen, mit dem sie sich gestern gestritten hatte.

Viel Zeit zum Nachdenken hatte sie nicht. Es klingelte dreimal hintereinander.

„Meine Güte!“, rief Michiel. „Was ist denn mit dir passiert, ich meine, mit deinem Gesicht?“

„Ach, das ...“, sagte Judith möglichst beiläufig, „kleine Streiterei ...“

Sie ging vor Michiel die Treppe hinauf.

„Kleine Streiterei? Mit wem?“

„Ein paar blöde Typen aus der Nachbarschaft haben mich angehalten. Sie haben mich schikaniert.“

schikanieren *ärgern, quälen*

„Zu wie vielen sind sie gewesen?“

„Zu dritt, glaube ich ... oder zu viert.“

„Meine Güte“, wiederholte Michiel, „so was von gemein. Dein Gesicht ist total blau!“ Seine Stimme überschlug sich. Er schlüpfte aus seiner Jacke und warf sie übers Treppengeländer.

„Tut es weh?“, fragte er besorgt.

„Ist nicht so schlimm“, sagte Judith. Sie gingen gemeinsam ins Wohnzimmer.
„Bist du allein zu Hause?“, fragte Michiel.
„Ja.“
„Ist doch sicher langweilig.“
„Ein bisschen.“ Sie fand es auf einmal sehr schön, dass Michiel da war. Wenn er bloß nicht weiterfragte wegen dem blauen Fleck.
„Woher wusstest du, wo ich wohne?“
„Vom Lehrer. Ach ja ... ich habe noch etwas für dich.“
Michiels Hand verschwand in seiner Hosentasche und brachte eine Tüte Lakritz zum Vorschein.
„Die soll ich dir vom Lehrer geben.“
„Whow, ist das nett!“ Judith wurde ganz rot im Gesicht.
„Und das ist von David und Frank.“ Er zog zwei zerknitterte Zeichnungen aus der anderen Hosentasche.
„Whow ...“, sagte Judith wieder. Sie betrachtete die Zeichnungen. David hatte einen roten Zug gemalt und Frank einen blauen. In jedem Zug saßen sieben Leute.
„Das sollen wir sein“, sagte Michiel und deutete lachend auf die Männchen. „Das sind Onkel Bob und Tante Elly mit Michèle. Da sitzen du und ich. Die beiden haben sich selbst die besten Plätze gegeben.“
Judith wurde ganz leicht vor Freude. David und Frank hatten sie auch gezeichnet, so als gehöre sie dazu.
„Ach ja, und das soll ich dir von Tante Elly geben.“ Michiel ging auf den Flur hinaus und kam mit zwei Äpfeln wieder.
„Whow ...“, sagte Judith zum dritten Mal.
„Fällt dir nichts anderes ein?“, fragte Michiel.
„Nein“, erwiderte Judith und lachte.
Michiel betrachtete sie. Verrückt, dass jemand sich über so kleine Dinge derart freuen konnte. Sie strahlte über das ganze Gesicht und sah dadurch ganz anders aus.

„Möchtest du etwas trinken?“, fragte sie.

„Okay“, sagte Michiel und ließ sich auf die Couch fallen.

Judith eilte in die Küche und öffnete den Kühlschrank.

„Möchtest du Limo, oder soll ich Tee kochen?“

Michiel kam in die Küche. „Limo.“

„Es ist auch noch Torte da.“

„Lecker“, sagte Michiel.

Judith holte die angeschnittene Torte heraus.

„Hmmm ... mit Sahne. Bei Tante Elly muss alles gesund sein, weißt du. Wenn sie einen Apfelkuchen backt, dampfen die Vitamine dir nur so entgegen. Die Äpfel müssen außerdem auch noch ungespritzt sein. Onkel Bob und ich kriegen manchmal ein bisschen zu viel davon, und im Sommer sagte Onkel Bob ...“ Michiel musste lachen. „Im Sommer hat Onkel Bob gesagt, als Tante Elly ihn bat, den Rasen zu sprengen: ‚Ich dachte, du möchtest alles ungespritzt haben.‘“

Judith musste auch lachen.

„Ich finde deine Tante unheimlich nett“, sagte sie.

„Ansonsten kann man nichts gegen sie sagen“, gab Michiel sofort zu, „aber zum Glück geht Onkel Bob ab und zu mit uns allen zu McDonald‘s, und da bekommen wir Pommes frites und Hamburger. Und Tante Elly isst dann am allermeisten. ‚Schön ungesund, was, Jungs‘, sagt sie dann immer, wenn sie eine Fritte durch die Mayonnaise zieht.“

Judith lachte wieder und schnitt ein Stück Torte für Michiel ab.

„Möchtest du nichts?“

„Nein, mir ist sehr schlecht gewesen gestern Abend.“

„Das kommt bestimmt von diesen blöden Typen. Was hat deine Mutter gesagt?“, fragte Michiel, als sie ins Wohnzimmer zurückgingen.

„Die war wütend“, antwortete Judith. Und es stimmte sogar!

„Kann ich mir vorstellen. Wie ist es genau passiert?“

Es war Judith unangenehm, dass er näher darauf einging.

„Ach, sie haben mich schikaniert“, antwortete sie vage, „und dann hat einer der Jungs zugeschlagen.“

„Und auch noch mitten ins Gesicht. Haben sie dich noch sonstwo getroffen?“

Judith schüttelte den Kopf.

„Und keiner hat für dich Partei ergriffen?“

Wieder schüttelte sie den Kopf.

„Das ist es, was ich nicht verstehe“, rief Michiel zornig. „Dass kein Mensch dazwischengeht. Man sieht, dass jemand geschlagen wird, und kein Mensch rührt einen Finger.“

„Es ist auch so schnell gegangen“, sagte Judith. Sie wollte, dass Michiel von etwas anderem anfing.

„Wie war es in der Schule?“, fragte sie.

roden *abholzen, Bäume fällen*

„Wie immer.“ Michiel zuckte mit den Schultern. „Ach ja, Erdkunde war schön. Na ja, schön ... Es ging um die Regenwälder, dass so viel davon gerodet wird.“ Michiel fing an, ausführlich zu erzählen. Er vergaß sogar, seine Torte zu essen. Judith hörte still und aufmerksam zu. Plötzlich blieb Michiel mitten im Satz stecken und platzte heraus: „Wenn du so schaust, siehst du genauso aus wie Steffie.“

„Steffie? Wer ist das?“

„Das war das Nachbarmädchen in Washington.“

„Ach.“ Judith wusste im ersten Moment nicht, wie sie darauf reagieren sollte.

„Ich habe immer mit ihr gespielt. Sie hat mir mal einen Bären geschenkt.“

„Was für einen Bären?“, fragte Judith.

„Einen Koalabären. Die gibt es nur in Australien.“

„Weiß ich“, sagte Judith. „Diese Bärchen haben jetzt eine Krankheit. Man befürchtet, dass sie aussterben.“

„Wirklich?“

„Ja. Habe ich im Fernsehen gesehen, es gab eine Sendung darüber. Hast du den Bären zum Geburtstag bekommen?“

„Nein, einfach so ... Es ist ihr eigener gewesen, ihr Lieblingsbär.“ Michiel begriff nicht, wieso er ihr das erzählte. „Ich war da noch klein, weißt du, ungefähr ... eh, sechs Jahre, glaube ich.“ (Acht, wusste er.)

„Weshalb hat sie ihren Bären verschenkt?“, fragte Judith. Michiel zuckte mit den Schultern. „Einfach so.“

„Seinen Lieblingsbären verschenkt man nicht einfach so“, bemerkte Judith scharfsinnig.

Michiel sah sie nicht an. Er tat, als wäre er mit seiner ganzen Aufmerksamkeit bei dem Tortenstück, das fast aufgegessen war. Danach kratzte er den Teller sorgfältig sauber.

„Wollen wir Schularbeiten machen?“, fragte er.

„Meinetwegen“, sagte Judith. Sie verstand sofort, dass Michiel nicht darüber reden wollte. „Ich hole nur schnell meine Bücher von oben.“

Als sie zurückkam, betrachtete Michiel ein Bild von Dennis, das auf dem Fernseher stand.

„Das ist bestimmt dein kleiner Bruder.“

„Ja.“

„Ihr seht euch überhaupt nicht ähnlich.“

„Dennis hat auch einen anderen Vater“, sagte Judith. „Ich habe ihn Onkel Ben genannt.“

„Genannt?“

„Ja, er ist fort. Er hat jetzt jemand anderes.“ Es klang gelassen. „Aber Onkel Ben war eigentlich ziemlich nett“, fügte sie hinzu.

„Und dein eigener Vater?“

„Nie gesehen. Er muss irgendwo in Deutschland stecken, glaube ich. Meine Eltern haben sich scheiden lassen, als ich ein Jahr alt war.“

„Ist gar nicht das Verkehrteste, keinen Vater zu haben. Man ist besser dran mit einer Mutter, jedenfalls wenn man eine hat."

„Wieso?"

„Na, meinetwegen braucht mein Vater sich nicht mehr blicken zu lassen. Ist mir lieber, ich bekomme ihn nicht zu Gesicht", stieß Michiel bitter hervor.

Judith sah ihn erstaunt an. Dass er sich so etwas zu sagen traute!

„Wieso?"

„Er hatte ewig was zu kritisieren. Nie machte ich etwas richtig."

„Bist du deshalb bei deiner Tante und deinem Onkel?"

Michiel nickte. „Ja. Die sind vor ein paar Jahren zu uns nach Amerika zu Besuch gekommen. Da hat Tante Elly einen Haufen Trara gemacht, weil ich so schlecht in der Schule war. Kein Trara mit mir, weißt du, sondern mit meinem Vater ..." Michiels Stimme überschlug sich triumphierend. „Man kommt nämlich nie gegen meinen Vater an, verstehst du, er weiß immer alles besser, was du auch tust; aber Tante Elly hat sich nicht die Bohne was daraus gemacht, die hat sich gegen ihn behauptet."

Michiel bewegte nervös die Hände und ließ seine Finger knacken.

„Sie dachten natürlich, ich merke nichts, sie denken immer, Kinder würden nichts merken, sogar Tante Elly kann da noch ziemlich beschränkt sein; aber bei ihr macht es mir nichts aus, weil sie es auch zugibt. Aber mein Vater nicht, Pustekuchen, der gibt nie etwas zu, der weiß immer genau, wie es sein muss ..."

Wieder knackten seine Finger.

„Und das hat Tante Elly ihm auch gesagt, dass er alles so gut wüsste. Sie haben so laut gebrüllt, dass ich es in meinem Zimmer hören konnte. Mein Vater behauptete, ich sei dickköpfig und begriffsstutzig, und weißt du, was Tante Elly da gesagt hat? ‚Bullshit.' Bullshit hat sie gesagt, und das zu meinem Vater!"

Bullshit *Mist, Unsinn (amerikan. Schimpfwort)*

Michiel schlug mit den Fäusten auf den Tisch.

„Na, und da haben die beiden vielleicht einen Streit bekommen! Onkel Bob hat sich auch noch eingemischt. Und danach haben sie sehr lange gesprochen, aber leise, da habe ich nichts mehr mitbekommen; schade. Ich dachte, mein Vater hätte sie eingewickelt, aber nichts da! Am nächsten Tag hat er mich nämlich zu sich gerufen und gefragt, ob ich mit Tante Elly und Onkel Bob nach Holland wollte. Ich traute meinen Ohren kaum! Ich habe natürlich sofort ja gesagt, bloß um ihn los zu sein ..."

Michiel schwieg. Er wusste eigentlich nicht, weshalb er das alles erzählte. Vielleicht weil Judith so viel Ähnlichkeit mit Steffie hatte?

„Bist du seitdem wieder in Amerika gewesen?", fragte Judith nach einer Weile.

„Nein. Mein Vater fragt zwar, ob ich die Ferien über komme, aber ich will nicht. Also kommt er hierher nach Holland."

„Freust du dich, ihn wiederzusehen?"

„Mich freuen?" Michiel lachte verächtlich. „Ich werde gleich wieder einen Hass auf ihn kriegen, also werde ich kaum den Mund aufmachen. Weißt du, was er einmal gesagt hat?" Michiel imitierte die Stimme seines Vaters.

„‚Ich habe den Eindruck, dass du das Sprechen jetzt gänzlich verlernt hast.' Eine wirklich fiese, gemeine Bemerkung, ich habe nämlich früher eine Zeit lang gestottert, verstehst du, das hat sich hier in Holland gegeben ..."

„Und was hast du geantwortet?"

„Was ich geantwortet habe?", stieß Michiel heraus. „Nichts natürlich. Gegen den Mistkerl traust du dich nichts zu sagen. Ich weiß nicht, was es ist, aber meine Zunge ist einfach gelähmt, wenn er in der Nähe ist."

Judith sah ihn vorsichtig an. Michiels Gesicht war rot vor Wut.

Plötzlich veränderte sich seine Miene.

„Ich verstehe eigentlich gar nicht, weshalb ich hier so dumm herumlabere."

„Ich finde es nicht dumm", sagte Judith, „wirklich nicht."

„Jetzt siehst du wieder genauso aus wie Steffie", sagte Michiel. „Die war super. Aber das bist du auch."

Judith wusste vor Verlegenheit nicht, wo sie hinblicken sollte. „Möchtest du ... möchtest du noch ein Stück Torte?", stammelte sie.

Michiel lachte. „Deswegen habe ich es nicht gesagt, dass du's weißt. Aber ich möchte schon."

Judith sprang auf. Ihr Gesicht verzerrte sich, sie hatte die Schmerzen in ihrem Rücken völlig vergessen.

„Was hast du?", fragte Michiel.

„Lust auf Torte, genauso wie du", antwortete sie rasch.

9

Nachdenklich radelte Michiel nach Hause. Im Grunde war es ein merkwürdiger Nachmittag gewesen, doch woran das lag, konnte er nicht erklären. Judiths Mutter hatte in der Schule angerufen und gesagt, Judith hätte eine Grippe, aber nichts von diesen Jungs erzählt, die sie verprügelt hatten. Unwillkürlich presste Michiel die Lippen zusammen. Diese gemeinen Typen; das sollten die nur versuchen, wenn er dabei war. Und niemand hatte einen Finger gerührt. Zu dritt seien sie gewesen, hatte Judith erzählt, aber viel mehr wollte sie dazu nicht äußern. Michiel hatte den Eindruck, dass sie den Vorfall am liebsten vergessen wollte. Er verstand auch nicht recht, weshalb Judith und ihre Mutter nicht sofort zur Polizei marschiert waren, um zu zeigen, wie man sie zugerichtet hatte.

unwillkürlich *ohne zu überlegen, unbeabsichtigt*

Michiel dachte an den Augenblick zurück, als Judith sich bückte, um Bücher aus ihrer Schultasche zu holen. Ihr verblichenes T-Shirt mit langen Ärmeln war hochgerutscht und gab ein Stück ihres nackten Rückens frei. Er hatte sich zu Tode erschrocken.

„Du hast ja lauter Striemen auf dem Rücken!“, rief er.

Judith lief knallrot an und zog eilig ihr T-Shirt herunter.

„Ach, das ist nichts“, murmelte sie.

„Nichts?“ Er sprang auf, hatte sie am Arm gepackt.

„Au!“ Ihr Gesicht verzerrte sich, und Michiel schob ihren Ärmel hoch.

Ihm stockte der Atem. „Mann, du bist ja total voll blauer Flecken!“ Jetzt war er es, der feuerrot wurde, so wütend und entrüstet war er.

Judith versuchte zu lachen, wahrscheinlich weil er „Mann“ gesagt hatte, doch er merkte genau, dass sie ziemlich verwirrt war.

„Du erzählst ... du erzählst es doch niemandem, nein?“

Ihre Augen blinzelten nervös.

„Wieso nicht?“

„Na ja, eh ... na, das braucht niemand zu wissen.“

„Meinst du in der Schule?“

Judith nickte.

„Aber der Lehrer darf es doch wissen, und Tante Elly auch?“

Sie antwortete nicht, sondern blickte starr zu Boden.

„So was kannst du doch ruhig erzählen! Sieh mal, das von meinem Vater, dass ich ihn für einen Mistkerl halte, das erzähle ich bloß dir, das brauchen andere nicht zu wissen. Aber wenn ich von einem Haufen Pack zusammengeschlagen worden wäre, glaub mir, das würde ich überall herumposaunen.“

Michiel trat noch verbissener in die Pedale. Wenn er diesen Feiglingen einmal begegnete, würde er sie –! Das sollten sie kein zweites Mal versuchen!

„Weißt du was?“, hatte er vorgeschlagen. „Ich fahre nach der Schule einfach mit dir mit. Dann trauen sie sich bestimmt nicht mehr.“

Judith sah ihn still mit ihrem traurigen blauen Auge an. Ihre Hände spielten mit einem Bleistift; sie sah sehr klein aus.

Das war es vielleicht, dachte Michiel. Man bekam immer das Gefühl, sich für sie einsetzen zu müssen, auch wenn sie nicht darum bat; wahrscheinlich gerade deshalb, weil sie es nicht tat. Bei Steffie war es genau umgekehrt gewesen, sie war für ihn eingetreten, und das sogar seinem Vater gegenüber. Steffie und Judith ... Sie mochten einander äußerlich ähneln, aber sonst waren sie sehr unterschiedlich. Steffie hatte den Eindruck gemacht, die Stärkere zu sein, und bei Judith war es genau umgekehrt: Er musste sie beschützen.

Michiel dachte daran, wie sie zusammen Schularbeiten gemacht hatten. Judith las geduldig die Geschichtslektion ein paarmal vor, sodass er sie behalten konnte. Er versuchte zuzuhören, aber manchmal gelang das nicht recht, dann achtete er zu sehr auf sie: wie sie vorlas, mit ernster Miene über das Buch gebeugt. Wenn sie auf ein schweres Wort stieß, schlich sich ein Zögern in ihre Stimme, und ihr Zeigefinger blieb bei dem Wort stehen. Langsam las sie es noch einmal. Ihr glattes Haar fiel ihr ins Gesicht; manchmal strich sie es zurück. Sie hatte Ringe unter den Augen, so als hätte sie schlecht geschlafen, und dann dieser blaue Fleck ... Er hatte jedes Mal ein seltsames Gefühl im Bauch, wenn er ihn sah, und seine Hände ballten sich unbemerkt zu Fäusten.

Michiel war so in Gedanken, dass er fast eine rote Ampel übersehen hätte. Er konnte gerade noch bremsen, rutschte jedoch gegen das Rad von jemandem, der neben ihm fuhr.

„Entschuldigen Sie bitte“, murmelte Michiel.

„Du kannst ruhig ‚du‘ sagen“, erklang es lakonisch.

„Also noch einmal: Entschuldigung“, murmelte Michiel.

„Ganz schön zerstreut, was? Womöglich verliebt?“ Der Mann schaute ihn an, er war noch jung, und alles in seinem Gesicht lachte.

„Eh ... eh ...“, stotterte Michiel.

Die Ampel sprang auf Grün.

„Ich schon!“ Der Mann versetzte Michiel einen überschwänglichen Klaps auf die Schulter. Danach fuhr er weiter, und Michiel bog grinsend nach rechts. Verliebt, also nein, doch nicht er ... Merkwürdig ausgelassen auf einmal spurtete er nach Hause.

lakonisch
kurz, bündig, zurückhaltend

„Für mich?“ Judith konnte es kaum glauben und starrte auf die Plastiktüte, die ihre Mutter ihr in die Hände drückte.

Es war wie ein Feiertag, sie wurde mit Geschenken überladen heute; jetzt bekam sie sogar eins von ihrer Mutter!
„Dennis Auto", brabbelte Dennis und zeigte voller Stolz sein Feuerwehrauto.
„Ein Geschenk für dich und eins für Judith", sagte ihre Mutter, während sie ihn aus seiner Jacke schälte.
Judiths Hand verschwand in der Plastiktüte.
„Oooh ..." Sie holte einen roten Pullover hervor.
„Für mich?", fragte sie wieder und presste den Pullover an sich.
Ihre Mutter nickte. Judith lief auf sie zu und wollte ihr einen Kuss geben, doch ihre Mutter drehte sich um und verschwand im Flur, um ihren Mantel aufzuhängen.
Judith blieb etwas ungeschickt mit dem Pullover in der Hand stehen.
„Danke, Mama", sagte sie verschämt, als ihre Mutter zurückkam. Sollte sie noch einmal versuchen, ihr einen Kuss zu geben? Nicht nötig, ihre Mutter war schon auf dem Weg in die Küche.
„Was Besonderes passiert heute?", fragte sie.
Wieder zögerte Judith. Sollte sie erzählen, dass Michiel da gewesen war? Besser nicht; das würde die Stimmung sicher verderben.
„Nein, nichts", antwortete Judith. Sie hatte übrigens alle Spuren von Michiels Besuch bereits getilgt: Die Gläser waren gespült, die Bücher weggeräumt, und die Tüte mit Lakritz steckte in ihrer Schultasche. Nichts deutete darauf hin, dass jemand da gewesen war. Bloß die Torte, aber mit ein bisschen Glück bemerkte ihre Mutter das nicht. Und sie konnte immer noch sagen, sie selber hätte ein großes Stück genommen.
Judith folgte ihrer Mutter in die Küche.
„Was für ein schöner Pullover, Mama", sagte sie.

„Und nicht billig obendrein“, bemerkte ihre Mutter. „Ich hab ihn im Schaufenster gesehen und gedacht: Den kaufe ich für meine Tochter.“ Sie schaute Judith nicht an, sondern sprach mit dem Wasserkessel.

„Ich also hinein. Da sagte die Verkäuferin: ‚Mit dem Pullover müssen Sie eine Woche warten, es ist nämlich der letzte, und ich kann ihn nicht aus dem Schaufenster holen. In einer Woche kommt der Dekorateur und gestaltet alles um, dann lege ich ihn für Sie zur Seite.‘ Ich sagte: ‚Ich will keine Woche warten, ich will den Pullover jetzt. Ich will ihn meiner Tochter schenken.‘ Fing sie wieder an, mir mit diesem Dekorateur in den Ohren zu liegen, also hab ich gesagt: ‚Gehen Sie und holen Sie den Chef.‘ Na, der ist gekommen, ein Schleimscheißer erster Güte, hat sogar versucht, mir einen anderen Pullover anzudrehen, aber ich bin stur geblieben: den und keinen anderen. Endlich haben sie so ein kleines, mageres Kerlchen gerufen, der selber aussah wie eine Schaufensterpuppe, und der musste den Pullover holen. Auf Händen und Füßen ist der durch die Auslage gekrochen; das hat vielleicht einen Wirbel verursacht! Aber ich hatte meinen Pullover.“ Ihre Mutter lachte triumphierend in Richtung Wasserkessel.

Dekorateur *Schaufenstergestalter*

„Soll ich ihn mal anziehen?“

„Dazu ist er ja da“, sagte ihre Mutter.

Judith eilte hinaus auf den Flur, wo ein Spiegel hing, und zog ihr T-Shirt aus. Die Schmerzen in ihrem Rücken wollte sie nicht spüren, und sie versuchte auch, nicht auf die blauen Flecken auf ihren Armen und Schultern zu achten. Rasch nahm sie den Pullover und zog ihn sich über den Kopf. Er fiel geschmeidig und weit über ihre Jeans, und es schien, als lasse der warme Farbton ihr Gesicht aufleuchten. Es gab ihr ein eigenartiges Glücksgefühl.

Sie ging zurück in die Küche und rief: „Schau, Mama, wie schön ...“ Ihre Mutter drehte sich um und starrte sie an. Ihr Blick war sonderbar; eine Mischung aus Schrecken und Angst lag darin, eine Sekunde nur. Dann wurden ihre Augen hart, und sie raunzte: „Zieh auf der Stelle den Pullover aus und wasche Dennis!“

Judith verstand überhaupt nichts mehr, gehorchte aber sofort. Im Flur zog sie den Pullover wieder aus und faltete ihn sorgfältig zusammen. Ihr altes T-Shirt fühlte sich danach sehr alltäglich an.

fabulieren *erzählen*

Sie nahm Dennis mit ins Bad und steckte ihn in die Waschwanne; er fabulierte endlos in seiner unverständlichen Plappersprache. Judith hörte nur mit halbem Ohr zu. Wieso hatte sie den Pullover ausziehen müssen? Vielleicht hatte Mama Angst, er würde fleckig werden. Sie hatte sich so sehr dafür eingesetzt; er hatte eigens aus dem Schaufenster geholt werden müssen. „Den Pullover will ich haben für meine Tochter.“ Wenn Mama von „ihrer Tochter“ sprach, schien sie immer von jemand anderem zu reden und nicht von ihr. Dann sah sie sie auch nie an, war Judith aufgefallen. Aber Mama kaufte häufig etwas, wenn sie sie geschlagen hatte; dann wollte sie etwas gutmachen.

Judith trocknete Dennis ab und zog ihm seinen Schlafanzug an. Danach deckte sie den Tisch.

Während des Essens war ihre Mutter schweigsam und abwesend. Judith blieb auf der Hut; so eine Laune konnte mit einem Mal umschlagen, das wusste sie.

Kurz bevor sie zu Bett ging, sagte sie: „Gute Nacht, Mama, und danke für den schönen Pullover.“

Sie wollte ihrer Mutter einen Kuss geben, doch die langte nach ihren Zigaretten, schon klickte das Feuerzeug, und sie fächelte eine Rauchwolke fort. „Schon gut, es reicht“, bemerkte sie verstimmt.

Alles ist, wie es war, und doch kommt mir alles anders vor, dachte Judith jetzt oft. Lag es daran, dass sie mittags immer mit zu Michiel ging? Die Stunde dort war der Höhepunkt des Tages. Die Zwillinge und Michèle kamen auf sie zugestürmt, sobald sie sie erblickten, und Tante Elly, wie sie Michiels Tante jetzt auch nannte, behandelte sie, als gehörte sie dazu. Das war für sie das Allerschönste, diese Selbstverständlichkeit, mit der sie in Michiels Familie aufgenommen wurde. Anfangs hatte es sie verwirrt, und sie hatte nicht recht gewusst, wie sie sich verhalten sollte. Tante Elly legte einem einfach so einen Arm um die Schulter oder gab einem einen Kuss. Michiel wunderte sich überhaupt nicht darüber, der fand das ganz normal.

Das Merkwürdige war, dass sie anscheinend auch in der Klasse mehr dazugehörte. Diana war zwar eifersüchtig auf ihre Freundschaft mit Michiel, aber sie behandelte sie letzt trotzdem anders. Natürlich versuchte sie, Judith über ihn auszuhorchen, aber sonst hielt sie sich zurück. Es gab übrigens auch nicht viel zu erzählen; eigentlich passierte ja gar nichts Besonderes. Sie radelten einfach zu ihm nach Hause, und dann aßen sie alle gemeinsam in der Küche; Michiel und sie spülten das Geschirr und räumten auf. Es war vor allem die ungezwungene Art, in der alle miteinander umgingen, die sie am meisten genoss. Nicht, dass es nie Streit gegeben hätte; Frank und David kabbelten sich häufig, und einmal hatte Judith völlig verblüfft mit angehört, wie Michiel seiner Tante widersprach.

„Du bist total unfair“, hatte Michiel ihr entrüstet zugerufen.

„Bin ich auch“, knurrte sie giftig zurück, „und ich will auch unfair sein, meine Laune ist miserabel.“

„Als wenn wir das noch nicht bemerkt hätten“, erwiderte Michiel und lachte, und es hatte nicht lange gedauert, da lachte auch seine Tante mit. Dass so etwas möglich war!

Nach der Schule begleitete Michiel sie oft mit dem Rad. Sie musste ihm die Stelle zeigen, wo die Jungs sie verprügelt hatten. Das war ihr sehr unangenehm gewesen; gerade Michiel wollte sie nicht belügen, aber sie konnte nicht anders. Er begleitete sie bis zum Kindergarten und fuhr danach schnell zurück, um für seinen Schwimmclub zu trainieren. Eigentlich war Judith froh, dass er nicht bis nach Hause mitfuhr; sie hatte viel zu viel Angst, ihre Mutter könnte ihre Freundschaft entdecken.

Daheim sagte sie kein Wort über ihre Besuche bei Michiel. Ihre Mutter musste glauben, dass sie die Mittagszeit in der Schule verbrachte.

Manchmal schien es allerdings, als spürte ihre Mutter, dass Judith sich verändert hatte; dann betrachtete sie sie mit einem Blick voller Argwohn. Aber bisher war alles gut gegangen – schon acht Tage lang.

„Ich habe den Eindruck, du verbirgst etwas vor mir“, ließ sie eines Abends unerwartet fallen.

Judith erschrak so, dass sie sich verschluckte. Zum Glück klingelte in dem Augenblick das Telefon; es war Nico.

Sie war ihm zweimal begegnet, beide Male nur kurz; Mama schickte sie nämlich immer nach oben. Judith fühlte sich nicht wohl in seiner Nähe, obwohl er sich Mühe gab, nett zu sein. Letztes Mal hatte er sogar eine Tafel Schokolade für sie mitgebracht.

Lag es an seiner Stimme, die ziemlich durchdringend war, oder an seinem unruhigen Blick? Auch heute Abend war er wieder gekommen, um ihre Mutter auszuführen. Ihre Mutter war guter Laune fortgegangen; Judith freute sich, dass sie so fröhlich wirkte, das war nicht oft so.

Sie hatte sehr gut gerochen. Jedes Mal wenn sie durchs Zimmer ging, hatte sie einen leichten Blütenduft verbreitet, der auch dann noch hängen blieb, als sie schon fort war.

Das Zuschlagen der Haustür weckte Judith auf. Gepolter auf der Treppe, Geflüster und ein unterdrücktes Lachen ihrer Mutter. Das Licht im Flur wurde angeknipst, ein blassgelber Streifen fiel in Judiths Dachzimmer, dessen Tür halb offen stand. Wieder erklang ein Flüstern und Kichern.

„Pass auf, nicht so laut, Dennis schläft", warnte ihre Mutter gedämpft. Danach verschwanden sie ins Wohnzimmer.

Judith war jetzt hellwach. Ihr Wecker zeigte Viertel vor eins an. Sie setzte sich auf, sie musste zur Toilette. Vorsichtig glitt sie aus dem Bett. Als sie oben an der Treppe stand, ging die Wohnzimmertür auf. Es war Nico. Judith wich zurück und wartete ab. Ob er fortging? Sie beugte sich über das Treppengeländer und sah ihn bei der Garderobe. Seine Hand tauchte blitzschnell in die Handtasche ihrer Mutter, angelte etwas daraus hervor und steckte es in seine Tasche. Danach drehte er sich um und verschwand in der Toilette. Judith schlug das Herz. Was hatte Nico aus Mamas Tasche genommen? War es Geld? Die Toilettenspülung rauschte, und kurze Zeit später hörte sie ihn wieder ins Zimmer gehen. Ihr Herz hämmerte noch immer wie wild, als sie auf Zehenspitzen die Treppe hinunterschlich. Sie warf einen hastigen Blick auf die abgeschabte, braune Handtasche ihrer Mutter. Der Spülkasten der Toilette rauschte noch. Sie zog nicht auf, als sie fertig war, sonst würden sie hören, dass sie nicht schlief.

Lange Zeit lag sie wach und grübelte. Was sollte sie tun, wenn Mama morgen wieder Geld vermisste? Der Schweiß brach ihr aus. Falls sie erzählte, was sie gesehen hatte, würde Mama ihr nicht glauben. Sie würde denken, dass sie Nico anschwärzen wollte, und die Schuld bekäme wieder sie.

Machtlos ballte Judith ihre Hände zu Fäusten. Eine kalte Angst kroch in ihr hoch und drückte ihr die Kehle zu. Sie starrte ins Dunkel und fühlte, wie ein dumpfer Kopfschmerz in ihr wuchs.

Um halb drei hörte sie Nico fortgehen. Danach schlief sie ein und schrak immer wieder mit einem panischen Gefühl hoch. Verworrene, unzusammenhängende Träume spukten ihr durch den Kopf, der glühte. Danach sank sie weg, ganz tief, bis sie aus der Ferne ihren Namen hörte.

panisch *angsterfüllt, bedrohlich*

„Judith!“ Der Klang kam näher.

Schlaftrunken richtete sie sich auf und blinzelte. In der Türöffnung stand ihre Mutter.

„Du bist mir vielleicht eine Schlafmütze!“ Ihre Mutter schlug die Decke zurück und sah dann voller Abscheu auf das Laken.

„Schon wieder ? ? ?“

Judith wusste sofort, was sie meinte. Ihr Bett war wieder nass.

10

Immer wieder schweiften Michiels Gedanken während des Unterrichts ab. Zwar hörte er die Stimme des Lehrers, doch die Worte erreichten ihn nicht. Er kaute auf seinem Kugelschreiber und fragte sich, was mit Judith los war.

An diesem Morgen war sie gerade noch rechtzeitig gekommen. Still hatte sie ihren Platz aufgesucht. Sonst wandte sie sich einmal kurz in seine Richtung und lächelte ihm zu, aber heute früh hatte sie das nicht getan.

Judith benahm sich in allem so unauffällig, dachte er. Man musste sie gut kennen, um sie zu verstehen. Sie sprach wenig, und häufig erriet er nur aus ihrem Gesichtsausdruck oder einer Geste, was sie dachte oder empfand. Sie konnte plötzlich ganz merkwürdig dreinschauen, so als sei sie verwundet. Verwundet dreinschauen ... er verstand selbst nicht, wie er darauf kam.

Vorsichtig drehte er den Kopf in ihre Richtung. Judith sah grüblerisch aus.

Danach kreuzte sein Blick den des Lehrers. Nichts sagen, flehte Michiel im Stillen, bitte jetzt keine Bemerkung machen.

„Wie ich schon sagte", fuhr der Lehrer unbewegt fort, „griffen die Japaner am 7. Dezember 1941 den amerikanischen Flottenstützpunkt Pearl Harbour an. Dadurch wurden die Amerikaner in den Krieg mit einbezogen."

Pearl Harbour *Hafen auf der Hawaii-Insel Oahu*

Michiel atmete erleichtert auf und versuchte, jetzt wirklich dem Geschichtsunterricht zu folgen.

Während die Klasse an einer Sprachübung saß, schaute der Lehrer die Mathehefte nach. Ab und zu glitt sein Blick durch die Klasse. Er sah, wie Michiel sich abmühte, und nickte ihm aufmunternd zu, als dieser seufzend hochschaute. Michiel schnitt eine verzweifelte Grimasse, und der Lehrer lächelte.

Die Beziehung zwischen Michiel und Judith war ihm nicht entgangen, und er hatte sie im Stillen begrüßt. Michiel war trotz seiner Behinderung in der Klasse beliebt. Wenn er jemanden unter seine Fittiche nahm, wurde das akzeptiert. Die üblichen Hänseleien wegen ihrer Freundschaft hatten recht bald aufgehört; wahrscheinlich, weil Michiel so lakonisch darauf reagiert hatte. Judith, die schon immer schweigsam gewesen war, ließ die Bemerkungen aus der Klasse an sich abgleiten und tat, als sei sie taub.

jemanden unter seine Fittiche nehmen *sich um jemanden kümmern*

Sein Blick verweilte eine Zeit lang auf ihr. Wie erbärmlich die Kleine wieder aussah; es schien, als hätte sie die ganze

Nacht kein Auge zugetan. Trotz seiner guten Vorsätze, einmal mit ihrer Mutter zu reden, war daraus noch nichts geworden. In zwei Wochen aber war ein Elternabend anberaumt. Er würde Judith einen Brief mitgeben und darin auf ihr Kommen drängen.

Mittags fuhren sie zusammen zu Michiel nach Hause.

„Ist was?“, fragte Michiel. Er musste es zweimal wiederholen, ehe Judith mit einem erschrockenen Blick reagierte.

„Nein, nein ...“, stotterte sie und beugte sich tiefer über ihr Lenkrad.

Also doch, dachte Michiel, das war sonnenklar, aber sie wollte es nicht erzählen.

„Hast du vielleicht keine Lust mehr, mittags mit zu uns zukommen?“ Jetzt schaute sie noch erschrockener drein. Sie geriet sogar ins Schleudern, sodass ihre Räder gegeneinanderstießen.

„Das ist es nicht“, sagte Judith. Wie konnte er bloß so etwas denken!

„Also ist was anderes“, beharrte Michiel.

Judith nickte schweigend.

Michiel bremste und stieg vom Rad.

„Einen Platten?“ Judith drehte sich um.

„Nein.“

Sie bremste jetzt auch und wartete.

„Weshalb willst du es nicht erzählen?“, fragte Michiel. Judith sah, dass er verletzt war.

Um überhaupt irgend etwas zu tun, trat sie leicht mit dem Fuß gegen den Fahrradreifen.

„Es ist alles so kompliziert“, seufzte sie.

„Was ist so kompliziert?“

„Na, meine Mutter ...“, fing Judith zögernd an. „Sie hat einen neuen Freund, weißt du. Schon ein paar Wochen.“

Sie war plötzlich mit ihrer ganzen Aufmerksamkeit bei der Fahrradklingel, die sie mit dem Ärmel ihres Pullovers polierte.

„Findest du den Freund nicht nett oder was?"

„Eigentlich nicht", gestand Judith, „aber das ist es nicht allein."

Das Polieren wurde nachdrücklicher. Michiel wartete.

„Vor einiger Zeit fehlten Mama auf einmal hundert Gulden aus ihrer Handtasche. Nico, so heißt er, war mit ihr essen gegangen, und am nächsten Tag hat sie entdeckt, dass das Geld weg war. Sie dachte, es sei ihr in dem Restaurant geklaut worden, wo sie gegessen hatten. Nico glaubte das auch, bestimmt Taschendiebe, hat er gemeint, ihm sei das auch schon einmal passiert. Gut, gestern Abend sind sie wieder ausgegangen, und als sie heimgekommen sind ..."

Judith erzählte, was sie gesehen hatte. Michiels Miene wechselte von gespannter Aufmerksamkeit zu Entrüstung.

„So eine Gemeinheit! Hast du es deiner Mutter erzählt?"

„Nein, noch nicht." Sie brachte es sehr unglücklich hervor; man konnte sehen, dass ihr das große Sorgen machte.

„Meine Mutter hat sich ja so gefreut, dass sie wieder einen Freund hat. Und vielleicht stimmt es ja auch nicht, vielleicht hat er etwas anderes aus ihrer Handtasche genommen, das kann natürlich auch sein."

Sie sah Michiel hoffnungsvoll an.

„Du wirst schnell genug dahinterkommen", sagte Michiel. „Deine Mutter wird ganz bestimmt merken, ob ihr Geld fehlt."

Judiths Miene verdüsterte sich. Das ist es ja gerade, dachte sie. Michiel konnte nicht ahnen, wie sehr sie sich davor fürchtete.

„Wenn das Geld weg ist, wirst du sagen müssen, was du gesehen hast“, riet Michiel, „aber ich verstehe, dass dir das Sorgen macht. Es ist nie schön, so etwas zu erzählen.“
„Nein“, seufzte Judith.
Sie setzten ihren Weg fort, und erst in der Küche, als sie zwischen den Zwillingen saß, die ihre gesamte Aufmerksamkeit forderten, vergaß sie vorübergehend ihre Sorgen.

Am Nachmittag fuhr Judith allein nach Hause. Dienstags begleitete Michiel sie nicht, dann musste er zusätzlich trainieren.
„Kopf hoch“, hatte Michiel ihr zugeflüstert, als die Glocke ging und alle ins Freie drängten. Sie hatte ihn dankbar angelächelt. Er hatte es also nicht vergessen und fühlte mit ihr.
Im Kindergarten traf sie Ineke an.
„Komm doch herein“, sagte Ineke herzlich. „Es ist noch Tee da, den magst du bestimmt.“
Ineke ging in die Küche, und ein paar Kinder trippelten hinter ihr her. „Dennis war heute etwas lustlos“, erzählte sie, „ich glaube, ihm steckt eine Grippe in den Knochen. Er wollte auch gar nicht essen.“
In dem Augenblick erschien Dennis in der Türöffnung. Er lutschte am Daumen und kam auf Judith zugelaufen, die ihn hochhob.
„Ich glaube, er hat Fieber“, sagte Judith, „er fühlt sich so heiß an.“
Ineke sah, wie Judith ihre Hand auf seine Stirn legte und ihm über den Kopf streichelte. Ihre Besorgtheit hatte etwas Ältliches. Ebenso die Art, wie sie ihm aus ihrer Tasse zu trinken gab.
„Ist Michiel heute nicht mitgekommen?“, fragte sie.
„Der muss dienstags immer zusätzlich trainieren“, erzählte Judith. „Er ist im Schwimmclub, und er spielt Basketball.

Sein ganzes Zimmer hängt voller Poster, vor allem vom Schwimmen."

„Scheint mir ein netter Kerl zu sein, dieser Michiel", sagte Ineke. „Ich habe ihn bloß einmal gesehen, aber was ich gesehen habe, hat mir gefallen."

„Er ist auch nett", stimmte Judith sofort zu. „Und seine Tante auch. Es ist so schön bei ihnen zu Hause." Begeistert fing sie an zu erzählen. Ihre Miene veränderte sich, das Ältliche verschwand mit einem Schlag. Sie wird auf einmal zu einem ganz kleinen Kind, dachte Ineke. Ihre Augen strahlten, als sie von Frank und David erzählte, die ein Bild für sie gemalt hatten. Als ob das so etwas Besonderes wäre. Sie plapperte in einem fort und war gar nicht zu bremsen.

„Na, es scheint dir da ja sehr zu gefallen, wenn ich dich so höre", meinte Ineke lachend, „aber weshalb wohnt Michiel eigentlich bei Onkel und Tante?"

„Er hat keine Mutter mehr."

„Ach ... und sein Vater?"

„Der wohnt in Amerika."

„Vermisst er den denn nicht?"

„Nein, er kommt nämlich nicht so gut klar mit seinem Vater." Es war heraus, ehe sie wusste, wie.

„Auch schlimm", bemerkte Ineke mitfühlend. „Hat man einander noch, und dann verträgt man sich nicht. Dabei kann er noch von Glück sagen, dass er es mit seiner Tante und seinem Onkel so gut getroffen hat. Und du? Kommst du gut klar mit deinem Vater?"

Die Frage kam so unerwartet, dass Judith keine Zeit zum Nachdenken mehr blieb.

„Ich ... ich kenne ihn nicht. Meine Eltern sind geschieden. Ich glaube, er wohnt in Deutschland."

„Er weiß nicht, was ihm entgeht", sagte Ineke, „aber Gott sei Dank hast du deine Mutter noch."

„Ja.“ Judith beugte sich über Dennis, sodass Ineke den Ausdruck auf ihrem Gesicht nicht sehen konnte. Dennis rutschte von Judiths Schoß herunter und zog sie am Ärmel.
„Er hat genug“, sagte Ineke, „er will nach Hause. Ich an deiner Stelle würde ihn rasch ins Bett stecken.“
Ineke zog ihm die Jacke an und wickelte ihm den Schal dreimal um den Hals.
„Du sagst doch Mama nichts von Michiel?“, fragte Judith, als Ineke sie zur Tür begleitete.
„Kennt sie ihn denn nicht?“ Ineke schien verwundert.
„Nein ... eh ... Sonst wird sie mich bestimmt damit aufziehen. Dass er mein Freund ist und so. Das machen sie in der Schule auch manchmal.“
„Das ist doch nicht so schlimm“, meinte Ineke lachend.
„Nein ... eh, aber du erzählst es nicht?“ Es klang geradezu flehentlich.
„Ich werde nichts sagen.“
Judiths Miene hellte sich auf.
Grübelnd blieb Ineke in der Türöffnung stehen und sah den beiden hinterher.

Die Stille im Haus machte Judith nervös. Ihr Blick wanderte ständig zur Uhr. Zehn nach fünf. Noch eine Dreiviertelstunde, bevor ihre Mutter nach Hause kam. Dennis hing in einem Lehnsessel, denn er wollte nicht ins Bett; sie hatte ihn in eine Decke gewickelt. Ruhelos ging sie durchs Zimmer. Ob sie mit ihren Hausaufgaben anfangen sollte?
Doch weil sie so gespannt wartete, konnte sie sich nicht konzentrieren. Vielleicht wurde es gar nicht so schlimm, wer weiß, versuchte sie sich selbst Mut einzureden. Vielleicht vermisste ihre Mutter nichts aus ihrer Tasche. Aber weshalb war ihr dann so kalt und waren ihre Hände klamm vor Schweiß?

klamm
feucht, nass

Halb sechs ... Wenn sie jetzt einfach staubsaugte? Nötig war es, und es würde die bange Stille vertreiben.

Judith öffnete den Flurschrank und nahm den Staubsauger heraus. Kurz darauf erfüllte dessen eintöniges Gedröhn das Wohnzimmer. Ihre Hände bewegten sich automatisch vor und zurück, ihr Blick war zu Boden gerichtet. Das dröhnende Geräusch erfüllte ihren Kopf und beruhigte sie einigermaßen. Nichts würde passieren, sprach sie zu sich, überhaupt nichts würde passieren.

Sie hörte nicht die Schritte auf der Treppe; auch die Tür nicht, die aufging.

Plötzlich eine harte Hand, die sie an den Haaren packte und ihren Kopf zurückriss. Judith schrie vor Schreck und Schmerz; völlig unvorbereitet vergaß sie sogar, ihr Gesicht zu schützen. Ihre Mutter schleifte sie in die Küche und hieb, schlug, trat. Judith blieb kein Fluchtweg. Sie stand gegen die Spüle gedrückt, die Arme vor dem Gesicht.

„Schmutzige Diebin“, zischte ihre Mutter, „hinterhältiges Miststück.“ Auf jedes Wort folgte ein Schlag.

„Mama, Mama, nicht ...“

„Du hast wieder Geld geklaut“, schrie die Mutter, „du bist es, die mich bestiehlt. Du, du, du!“

„Ich bin es nicht gewesen. Es ist Nico“, schrie Judith verzweifelt zurück.

Einen Augenblick starrte ihre Mutter sie stumm vor Staunen an. Ihr Gesicht verzerrte sich, wurde hässlich vor ungezügelter Wut. Sie drehte sich um, zog eine Schublade auf und packte die Teigrolle. Judith blieb gerade genug Zeit, sich umzudrehen. Sie fühlte, wie die Schläge auf Rücken und Schultern niedersausten; dann ein Hieb auf ihren Kopf ...

11

Michiel war auf dem Weg zum Schwimmbad. Er hetzte sich ab, um möglichst schnell dort zu sein. Schwimmen war sein Lieblingssport, danach kamen Basketball und dann Laufen. In allen drei Sportarten war er gut, aber schwimmen tat er am liebsten; im Wasser fühlte er sich frei und stark zugleich. Als sie nach Den Haag gezogen waren, war er sofort wieder in einen Schwimmclub eingetreten, und es hatte nicht lange gedauert, da ließ Herr Rovers, der Trainer, ihn bei Wettkämpfen mitschwimmen. „Du könntest noch viel mehr leisten", meinte Herr Rovers, „aber dafür müsstest du hart trainieren."

Den Haag *Stadt in den Niederlanden (Regierungssitz)*

Michiel erreichte das Schwimmbad; ein modernes, in hellen Farben gehaltenes Gebäude. Er stellte sein Fahrrad in den Unterstand und rannte hinein. Ein fröhliches Geschrei schlug ihm entgegen; Stimmen hallten durch den gekachelten Raum, Wasser spritzte.

Eilig verschwand er in einer Umkleidekabine und erschien kurz darauf in seiner Badehose. Herr Rovers tigerte am Beckenrand hin und her und schrie den Jungen Anweisungen zu. Sobald er Michiel zu Gesicht bekam, streckte er eine Hand zum Gruß in die Luft; dann machte er weiter. Michiel tauchte, ohne zu zögern, ins Wasser. Es dauerte nicht lange, und er hatte den vertrauten Kraulrhythmus gefunden. Er wollte versuchen, heute eine gute Zeit zu liefern. Für Herrn Rovers legte er sich immer ins Zeug; der strahlte jedes Mal richtig, wenn man einen persönlichen Rekord verbesserte. Eigentlich ist es völliger Schwachsinn, dachte Michiel bisweilen. Was macht eine Zehntelsekunde schon aus? Aber dann wiederum ...

Der bekannte Pfiff der Trillerpfeife ertönte, und Michiel schaute hoch. Herr Rovers winkte ihm heftig zu.

„Komm mal heraus“, rief er, „ich muss dich sprechen.“

Michiel stemmte sich aus dem Wasser und schüttelte seine nassen Haare aus. Dann ging er zu der Bank, auf der Herr Rovers Platz genommen hatte.

„Kennst du Peter Stijn?“

Was für eine Frage! Jeder kannte ihn, er war Clubmeister der Junioren. „Klar.“

„Na, der Stümper zieht nach Neuseeland. Für immer. Was ein Mensch da bloß verloren hat?“ Herr Rovers sah Michiel vorwurfsvoll an.

„Lässt mich einfach hier sitzen …“ Er hatte die Ellbogen auf die Knie gestützt und spielte achtlos mit seiner Stoppuhr.

„Lässt mich mit dir hier sitzen“, fuhr er fort und warf ihm einen seitlichen Blick zu. Michiel bemerkte zum ersten Mal, wie groß und breit Herrn Rovers‘ Nase war; sie nahm einen großen Teil seines Gesichts ein.

„Dir ist ja wohl klar, dass du seinen Platz einnehmen musst“, fuhr der Trainer ungeduldig fort, so als erwartete er von Michiel, dass er das schon längst begriffen hätte.

„Ich???“ Michiel schnappte nach Luft. „Aber Peter Stijn ist Landesmeister!“

„Na und?“, knurrte Herr Rovers.

„Ich bin ein Jahr jünger.“ Michiels Stimme überschlug sich.

„Umso besser. Du wirst nur dreimal so hart trainieren müssen. Kein Larifari oder Leerlauf mehr im Wasser. Nichts wie ranklotzen. Ich möchte, dass du jeden Tag zum Training kommst, morgens und abends.“

Larifari *Unsinn*

„Und Martijn? Wieso fragen Sie Martijn nicht, der hat letztens eine bessere Zeit geliefert als ich.“ Michiel zeigte auf Martijn, der gerade zu den Umkleidekabinen verschwand.

„Du hattest dich nicht genug konzentriert.“ Herr Rovers hat recht, schoss es Michiel durch den Kopf, klar. „Und du bist zäher als Martijn, du hast mehr Durchhaltevermögen auf längeren Distanzen.“

Distanz *hier: Strecke*

Michiel war verblüfft. Er war es nicht gewohnt, so etwas aus dem Mund seines Trainers zu hören.
„Na?“ Herr Rovers sah ihn stirnrunzelnd an. „Worauf warten wir noch?“
„Glauben Sie ... glauben Sie, ich kann das?“
Herr Rovers brachte seine große Nase bedrohlich nahe an Michiels Gesicht.
„Glauben? Glauben??? Würde ich es glauben, dann hätte ich dich nie gefragt. Ich bin davon überzeugt!“
Er packte Michiel am Arm, und gemeinsam gingen sie zum Beckenrand. „Wir fangen schon mal mit ein bisschen Training an“, sagte er.

Keuchend stemmte Michiel sich eine Weile später aus dem Wasser. Blindlings hatte er die Anweisungen von Herrn Rovers befolgt, dessen Stimme hallend durch das Schwimmbad dröhnte.
„Das sah natürlich nach gar nichts aus!“, brüllte Herr Rovers. „Sieh zu, dass du morgen früh etwas mehr in Form bist! Um Punkt Viertel vor sieben will ich dich hier sehen, und keine Minute später. Dann machen wir Beinübungen.“ Seine breite Nase glänzte vor Zufriedenheit.
Sie gingen in Richtung Umkleidekabinen. Auf einmal blieb Michiel stehen; das Blut stieg ihm zu Kopf. Da, auf einer Bank vor der gekachelten Wand, saß sein Vater! Jetzt stand er auf und kam auf sie zu.
„Tag, Michiel.“
Michiel trat unwillkürlich einen Schritt zurück und murmelte: „Hallo, Pa.“ Er warf einen Blick auf die Umkleidekabinen und sagte rasch: „Ich bin gleich zurück, ich muss mich bloß erst anziehen“ – und flüchtete davon.

Herr Rovers sah ihm verwundert hinterher und wandte sich dann dem Mann ihm gegenüber zu.

„Sind Sie Michiels Vater?"

„Ja."

„Ein toller Junge ist das, Ihr Sohn. Er ist ein geborener Schwimmer. Mit dem richtigen Training kann er es weit bringen. Sehr weit sogar."

Sie nahmen einen Augenblick nebeneinander auf der Bank Platz. Herr Rovers sprach und gestikulierte, und Michiels Vater hörte zu. Sein Blick war auf die Umkleidekabine gerichtet, in der sein Sohn verschwunden war. Es dauerte eine Zeit, ehe Michiel wieder zum Vorschein kam. Die nassen Haare hingen ihm unordentlich ins Gesicht. Mit hängenden Schultern stand er vor der Tür der Kabine und wartete.

gestikulieren *heftige Bewegungen mit Armen und Händen machen*

Die beiden Männer erhoben sich und gingen auf ihn zu. Herr Rovers legte Michiel eine Hand auf die Schulter und zwickte ihn aufmunternd.

„Und morgen bringen wir wieder den vollen Einsatz, Michiel."

„Ja, Herr Rovers", sagte Michiel brav. Mit zu Boden gesenktem Blick begleitete er seinen Vater zum Ausgang.

Herr Rovers zog sich bedächtig an seiner großen Nase. Der Junge sieht auf einmal aus wie ein geprügelter Hund, dachte er. Wie ein geprügelter Hund. Warum bloß um Gottes willen?

Schweigend ging Michiel neben seinem Vater her. An der ersten Straßenecke fiel ihm plötzlich ein, dass sein Rad noch im Fahrradunterstand war.

„Ich habe mein Rad vergessen", stotterte er und rannte zurück. Auch das noch; jetzt merkte sein Vater wieder, was für ein Dummkopf er war. Nervös suchte er nach dem

Schlüssel, den er nicht gleich finden konnte, und steckte ihn dann ins Schloss. Sein Vater stand wartend da, ohne eine Bemerkung zu machen. Die spart er sich wahrscheinlich für später auf, dachte Michiel bitter, dann kann er mich umso besser fertigmachen. Vorsichtig sah er zur Seite. Sein Vater wurde schon grau, fiel ihm auf, und er war auch anders gekleidet. Sportlicher. Er trug kein Hemd mit Kragen, sondern Pullover und Jacke, so als sei er in Urlaub.

„Wollen wir irgendwo etwas trinken?“, schlug sein Vater vor.

„Okay.“ Es klang matt.

Etwas später saßen sie einander in einer kleinen Kneipe gegenüber. Sein Vater bestellte Bier und er Cola.

„Wissen sie daheim, dass du in Holland bist?“, fragte Michiel.

„Ja. Elly hat erzählt, du seist beim Training, und mir die Adresse des Schwimmbads gegeben. Ich wusste nicht, dass du so gut schwimmen kannst.“

Michiel zuckte mit den Schultern. Du weißt so vieles nicht, dachte er und starrte aus dem Fenster. Die Bäume bekamen schon Knospen. „Aber Sport ist nicht wichtig.“ Michiel fand, dass er genau den richtigen Ton getroffen hatte, es hatte schön gleichgültig geklungen.

„Wer sagt das?“

„Du!“ versetzte Michiel bissig. Das war ja noch schöner! Womöglich hatte er schon vergessen, dass er das immer behauptet hatte.

Sein Vater nahm einen Schluck Bier. Auf seiner Lippe blieb ein bisschen Schaum zurück.

„Ja, blöd.“ Er schüttelte bedächtig den Kopf.

Hatte er recht gehört? Michiel sah ihn argwöhnisch an.

„Ziemlich kurzsichtig, so was zu behaupten, findest du nicht?“

Meinte er das wirklich, oder war es nur eine Falle?

„Bloß weil ich selber keinen Sport treibe, behaupte ich einfach, Sport sei nicht wichtig. Du musst mich oft schlichtweg wie die Pest gehasst haben. Ich kann es dir nicht verdenken."

schlichtweg *hier: ganz einfach*

Michiel schwieg, er traute seinen Ohren nicht. Vielleicht war das ein Trick – und er musste wieder zurück nach Amerika.

„Dieser Trainer hält große Stücke auf dich. Du hättest Talent, sagt er, obwohl er dich ja ordentlich zusammengestaucht hat, als du im Wasser warst."

Michiels Miene veränderte sich; die Spannung und das Misstrauen verschwanden vorübergehend.

„Macht er immer", sagte er, „schimpfen kann der! Du hättest ihn mit Peter Stijn erleben müssen, da ist er erst so richtig in Fahrt gekommen. Peter ist Clubmeister, und er hat ihn mit ich weiß nicht was für Ausdrücken belegt. Er meint es aber überhaupt nicht ernst; wenn er so schreit, findet er dich im Gegenteil gut."

Sein Vater lächelte.

„Spielst du auch noch immer Basketball?"

„Ja, aber das wird jetzt etwas weniger werden müssen, Herr Rovers will nämlich, dass ich jeden Tag zum Training komme. Aber in der Schule spielen wir Basketball, und da laufen wir auch."

„Joggen?"

„Ja, aber auf Zeit zu laufen finde ich schöner. Bei Sportfesten müssen wir Wettlaufen. Drei Jungs aus unserer Klasse machen mit."

„Du auch?"

Michiel nickte. Im Grunde verstand er überhaupt nichts mehr. Hier saß sein Vater und unterhielt sich mit ihm über Sport ... Noch nie hatte er dafür auch nur irgendein Interesse gezeigt.

„Ich habe auch angefangen zu joggen“, erzählte sein Vater.
„Du???“ Michiel blieb der Mund offen. Das schlug doch wohl alles!
„Ja.“ Sein Vater schaute beinahe verlegen und drehte sein Bierglas im Kreis. „Ich fand, ich müsste etwas für meine Kondition tun.“
Michiel verstand rein gar nichts mehr. Es wurde immer verrückter.
„Das überrascht dich bestimmt“, sagte sein Vater.
„Ja. Ich fand übrigens schon, dass du anders aussiehst. Weniger ... weniger ...“ Er zögerte.
„Weniger was?“
„Weniger wie aus dem Ei gepellt.“
„So fühle ich mich auch“, bekannte sein Vater.
„Kommt das vom Joggen?“
„Unter anderem. Aber mehr durch Helen, glaube ich.“
Es wurde still. Michiel bekam auf einmal ein wehes Gefühl im Magen und starrte auf sein leeres Colaglas.
Das war es also. Sein Vater hatte eine Freundin. Irgendwie hatte er sich seinen Vater immer allein vorgestellt. Zuerst mit seiner Mutter, aber diese Erinnerungen waren schon zu blass. Danach hatte es bloß seinen Vater gegeben, groß und mächtig. Einen Vater, gegen den er nie ankonnte, bei dem er sich immer dumm und nichtig gefühlt hatte. Das alte bedrückende Gefühl ergriff wieder Besitz von ihm, drückte ihm die Kehle zu. Was wollte sein Vater? Ihn wieder mitnehmen nach Amerika? Niemals!
Sein Vater beobachtete ihn, sah den verschlossenen Ausdruck auf seinem Gesicht.
„Du bist ihr begegnet, vor langer Zeit“, fuhr er fort. „In Washington.“
Michiel schwieg noch immer. Er konnte nicht denken, woll-

te auch nicht denken; es war ihm egal, wer seine Freundin war.

„Weißt du noch, wie du einmal von daheim fortgelaufen bist? Du warst eine ganze Nacht lang verschwunden, ich dachte damals, du wärest verunglückt ..."

Die Stimme seines Vaters stockte.

„Am nächsten Morgen hat mich eine Frau angerufen. Du hattest diese Nacht in ihrer Garage geschlafen, in ihrem Auto. Nun, diese Frau ist Helen."

Michiel klopfte das Herz. Er starrte unverwandt auf sein Glas. Er konnte sich sogar sehr gut an diesen Tag und diesen Abend erinnern und daran, wie verängstigt und einsam er gewesen war. Auch an den Schreck, als diese Frau ihn am nächsten Morgen entdeckte und ihn in die Küche mitnahm, wo sie ihm ein Frühstück machte.

„Weshalb bist du fortgelaufen?", hatte sie gefragt.

„Weil ich dumm bin", war seine Antwort gewesen.

Sie hatte ihn nicht für dumm gehalten, sondern im Gegenteil für schlau, weil er eine Garage aufgesucht und in dem Auto geschlafen hatte. Sie war freundlich gewesen, und die Küche klein und sonnig. Und jetzt war diese Frau, Helen, die Freundin seines Vaters.

„Ja, ich erinnere mich an sie", murmelte er so gleichgültig er konnte.

„Sie erinnert sich auch an dich", fuhr sein Vater fort. „Wir sind uns in einem Drugstore begegnet, als ich wieder nach Washington versetzt worden war. Sie stand hinter mir an der Kasse und tippte mir auf die Schulter. ‚Sind Sie nicht Michiels Vater?', hat sie gefragt. Das fand ich erstaunlich; sie sagte nicht Mike, wie alle dort dich nannten, sondern Michiel, sie sprach es witzig aus. Ich hatte nicht die geringste Ahnung, wer sie war. An dem Morgen, als ich dich bei ihr abholte, war ich so erleichtert gewesen, dass du wieder

Drugstore *Supermarkt (besonders in den USA)*

aufgetaucht warst, dass ich kaum auf sie geachtet habe. Ich hatte mich natürlich bei ihr bedankt, und wie sie später erzählte, scheine ich ihr auch noch Blumen geschickt zu haben, aber daran konnte ich mich nicht mehr erinnern. ‚Läuft er immer noch von zu Hause fort?', hat sie gefragt, und da dämmerte es langsam bei mir. Sie fragte, wie es dir geht, und ich erzählte, dass du in Holland wohnst. Ehe wir wussten wie, tranken wir zusammen Kaffee und plauderten endlos. Ich habe mich selten bei jemandem so wohlgefühlt."

Es wurde still.

„Wohnt sie noch in demselben Haus?", fragte Michiel endlich.

„Ja."

„Und steht der Apfelbaum noch im Garten?"

„Auch das."

„Und ist sie immer noch Sportlehrerin?"

Sein Vater lachte. „Ja, und sie erinnert sich noch gut, dass du ihr erzählt hast, ich fände Sport nicht wichtig. Sie hielt diese Bemerkung für unglaublich dumm, und außerdem sei mir das anzusehen, meine körperliche Kondition sei nämlich null Komma null, sagte sie, es werde höchste Zeit, dass ich anfinge zu joggen. Und das tue ich jetzt."

Sein Vater machte eine witzige, hilflose Geste.

„Möchtest du noch eine Cola oder sonst etwas?", fragte er.

„Nein, danke." Michiel zögerte einen Moment.

„Ich muss doch nicht wieder zurück nach Amerika, jetzt, wo du eine Freundin hast?", fragte er argwöhnisch.

„Nein, natürlich nicht." Jetzt war es sein Vater, der zögerte.

„Du kannst kommen, wann du Lust hast. Ich hoffe ... ich hoffe, dass du einmal deine Ferien bei uns verbringst, dass wir die Gelegenheit bekommen, uns neu kennenzulernen."

Michiel nickte steif. Er war froh, dass sein Vater ihn nicht weiter drängte.

„Wie lange bleibst du in Holland?"

„Nur für eine Nacht. Ich bin auf der Durchreise nach Frankfurt."

„Übernachtest du bei uns?"

„Nein, ich habe schon ein Hotelzimmer reserviert."

„Kommst du denn zum Essen?"

„Ja."

„Erwarte bloß nichts Dolles", bemerkte Michiel nüchtern, „das bedeutet, dass wir beide kochen müssen."

„Das tue ich inzwischen fast jeden Abend", sagte sein Vater.

„Du???"

„Ja, ich. Hättest du bestimmt nicht gedacht, was?"

„Nein", erwiderte Michiel und lachte zum ersten Mal.

Sein Vater rief den Kellner und zahlte, und kurz darauf standen sie draußen.

Was für ein merkwürdiger Abend, dachte Michiel, als er im Bett lag. Es war schon spät, aber er konnte nicht einschlafen; zu vieles gab es, worüber er nachdenken musste. Aus seinem Vater wurde er nicht mehr klug; der schien auf einmal ein normaler Mensch geworden zu sein. Auch Tante Elly und Onkel Bob hatten ihn ab und zu verwundert angeschaut.

„Was ist los mit dir?", hatte Tante Elly bei Tisch gefragt.

„Wieso?" Sein Vater hatte sie unschuldig angesehen.

„Du hast den ganzen Abend hindurch noch nicht eine miese Bemerkung gemacht."

Sein Vater grinste.

„Ich wollte dir gerade ein Kompliment machen wegen deiner Kochkünste."

„Aha, also doch! Ich fürchtete schon, du hättest es verlernt.“ Tante Elly nahm beruhigt eine Gabel Spaghetti, die sein Vater gekocht hatte.

„Meiner Meinung nach ist da eine Frau im Spiel. Was denkst du, Bob?“

„Ich kann nicht denken, ich habe zu tun“, murmelte Onkel Bob. Er fischte einige Spaghetti aus Davids Haar. „Wann lernt dieser unser Sohn einmal manierlich zu essen?“

manierlich *anständig*

„Kommt von selber“, sagte Tante Elly sorglos. „Und, ist da eine Frau im Spiel?“ Sie sah seinen Vater an, der rätselhaft lächelte, aber keine Antwort gab.

„Also ja“, stellte Tante Elly fest. „Ich finde sie jetzt schon symphatisch. Du siehst um einiges besser aus.“

„War es denn so schlimm?“, fragte sein Vater.

„Ja. Und ich konnte es dir einfach nicht klarmachen.“

„Dein Möglichstes getan hast du aber.“

Tante Elly grinste breit. „Und doch kapiere ich nicht, wie sie sich in dich verlieben konnte.“

„Sie ist vor meiner Kochkunst in die Knie gegangen. Ich habe ihr eines deiner berühmten Rezepte aufgetischt.“

So hatten sie noch eine Zeit lang weitergemacht. Bis irgendwann Onkel Bob rief: „Wollt ihr jetzt endlich aufhören, euch gegenseitig aufzuziehen?“

Michiel hatte still dagesessen und zugehört. Tante Elly hänselte seinen Vater häufig, und meistens nahm das kein gutes Ende. Er ertrug es nicht und reagierte dann äußerst scharf. Sein Sarkasmus konnte die Stimmung mit einem Mal zum Kippen bringen.

Sarkasmus *beißender, verletzender Spott*

Heute Abend war das nicht passiert; die Atmosphäre blieb entspannt. Später, als die Zwillinge und Michèle im Bett lagen und Michiel noch aufbleiben durfte (sein Vater machte nicht einmal eine Bemerkung, dass es schon so spät sei), sagte Tante Elly: „Na los, nun erzähl.“

„Erzähl was?“, fragte sein Vater unschuldig.

„Wer die Frau ist, die dich aus deiner Krawatte bekommen und dir diesen Pullover gekauft hat.“

„Woher weißt du, dass sie den gekauft hat?“

„Du selber hast nicht so einen guten Geschmack.“

Sein Vater lachte. „Du bist ja direkt neugierig!“

„Klar sind wir neugierig, nicht wahr, Michiel?“

„Michiel weiß schon längst, wer sie ist“, ließ sein Vater sie zappeln.

„Was???“ Tante Elly sprang auf und sah Michiel entrüstet an. „Niemand in diesem Haus erzählt mir je etwas. Wieso hast du nichts gesagt?“

„Ich hatte gar keine Gelegenheit“, verteidigte er sich. „Ich musste einkaufen, den Tisch decken und beim Kochen und Abwaschen helfen.“

Alle mussten lachen.

Dann erzählte sein Vater ungefähr die gleiche Geschichte, die Michiel schon am Nachmittag gehört hatte, nur viel ausführlicher. Sein Vater ließ nichts weg; auch nicht, dass Michiel von daheim fortgelaufen und eine Nacht lang verschwunden gewesen war, obwohl Tante Elly und Onkel Bob das schon längst wussten.

„Also hast du deine Helen eigentlich Michiel zu verdanken“, bemerkte Tante Elly.

„Ja.“ Sein Vater und er hatten einen kurzen Blick gewechselt.

„Darauf müssen wir ein Gläschen trinken“, sagte Onkel Bob, „und du, Michiel, verschwindest wie der Blitz ins Bett, du musst morgen früh heraus zum Training.“

Er war aufgestanden und hatte Tante Elly und Onkel Bob einen Gutenachtkuss gegeben, genau wie jeden Abend.

Als er zu seinem Vater kam, wusste er sich einen Augenblick lang keinen Rat; er spürte, wie er rot wurde.

Sein Vater hatte die Situation gerettet, indem er aufstand und sagte: „Für das Gläschen sorge ich, Bob. Ich habe noch eine Flasche Whisky für dich. Schlaf gut, Michiel."
Er hatte seine Hand auf Michiels Schulter gelegt, und zusammen waren sie zum Flur gegangen, wo der Koffer seines Vaters stand.
Michiel gähnte und drehte sich um. Undeutlich drangen die Stimmen von unten zu ihm hoch, und ein Weilchen später hörte er die Haustür zuschlagen. Sein Vater ging fort. Es war das erste Mal, dass Michiel sich fragte, wann er ihn wiedersehen würde.

12

Am nächsten Morgen hielt Michiel ungeduldig Ausschau nach Judith. Er wusste, dass sie manchmal vor Schulbeginn ihren kleinen Bruder zum Kindergarten bringen musste und erst im allerletzten Moment auftauchte.
Michiel hörte die Glocke, und alle stürmten ins Klassenzimmer. Der Lehrer sah durch die Reihen.
„Heh, ich vermisse Judith", sagte er.
„Ja, Michiel vermisst sie auch", bemerkte Robert trocken.
Alle lachten. Michiel konnte nicht verhindern, dass er rot wurde. Dieser Robert immer mit seinen Bemerkungen!
Die erste Stunde ging im Schneckentempo vorbei. Von Judith noch immer keine Spur; nun würde sie wohl nicht mehr kommen. Schade, jetzt konnte er ihr nicht von seinem Vater erzählen. Und heute Nachmittag konnte er nicht zu ihr, da musste er trainieren. Mittwochs hatte er ein Spezialtraining; Top-Training nannte Herr Rovers das. Um halb drei musste er im Schwimmbad sein, aber wenn er sich beeilte, schaffte er es vielleicht doch noch, vorher bei

Judith vorbeizuschauen. Er würde es riskieren; er war sehr gespannt, wie das mit ihrer Mutter ausgegangen war und ob in ihrer Tasche tatsächlich Geld fehlte.

Während eine Sendung des Schulfernsehens lief, schweiften seine Gedanken ab zu seinem Vater. Wie kompliziert Eltern eigentlich waren; sie bereiteten einem einen Haufen Kopfzerbrechen. Gerade jetzt, wo er mit seinem Vater so gut wie gebrochen hatte, tauchte der wieder auf und benahm sich auf einmal ganz annehmbar.

Er wusste immer noch nicht, ob ihm das eigentlich gefiel; es beunruhigte ihn auch.

Und Judith erst: Die zermarterte sich regelrecht den Kopf wegen ihrer Mutter, oder besser gesagt wegen des Freundes ihrer Mutter, der wahrscheinlich Geld stahl.

Robert stieß ihn an.

„Kommst du heute Nachmittag mit Fußball spielen?", flüsterte er.

„Ich habe Training", flüsterte Michiel zurück.

„Basketballtraining?"

„Nein, Schwimmen."

Robert seufzte ergeben. Michiel hatte auch nie Zeit, außer für diese dumme Judith.

Nach der Schule raste Michiel zu Judith. Es war ein ganzes Stück Weg bis zu ihr, aber er hatte Glück; alle Ampeln standen auf Grün. Außer Atem kam er an und sprang vom Fahrrad. Er sah, wie die Gardine in der Parterrewohnung zur Seite geschoben wurde.

Michiel läutete und wartete.

Die Frau hinter dem Fenster beobachtete ihn noch immer.

Wieder klingelte er. Wieso machte Judith denn nicht auf? Ungeduldig trat Michiel einige Schritte zurück und schaute nach oben. Die Fenster mit ihren Kunststoffjalousien starrten ihn schweigend an. Nirgendwo ein Lebenszeichen.

Enttäuscht machte er sich auf den Rückweg. An der Ecke bemerkte er, wie ein alter Renault in die Straße einbog, und als er sich noch einmal umdrehte, sah er, dass das Auto vor Judiths Haus anhielt. Eine Frau stieg aus und steckte einen Schlüssel ins Schloss. War das Judiths Mutter?
Michiel drehte sofort um und fuhr zurück. Die Heckklappe des Wagens stand offen, und die Frau schleppte gerade einen schweren Karton voller Einkäufe ins Haus.
Michiel bremste und fragte: „Sind Sie Judiths Mutter?"
Die Frau runzelte die Stirn, sie sah abgehetzt aus, so als habe sie es sehr eilig.
„Ja, wieso?"
„Ich bin Michiel. Ich habe ein paarmal geklingelt, aber niemand hat aufgemacht. Soll ich Ihnen den Karton rasch hinauftragen?"
„Nicht nötig, das kann ich schon selbst."
Sie blieb mitten in der Türöffnung stehen, so als wollte sie ihm den Weg versperren. Den schweren Karton mit Lebensmitteln hielt sie noch immer im Arm.
„Ich bin Michiel", wiederholte er, „ich komme Judith besuchen."
„Judith ist krank", sagte ihre Mutter.
„Sie ist doch nicht wieder verprügelt worden?", fragte Michiel beunruhigt.
„Verprügelt? Was meinst du?" Ihr Blick war mit einem Mal voller Argwohn.
„Na, kürzlich ist sie doch von ein paar Jungs angegriffen worden. Sie hatten sie grün und gelb geschlagen."
„Ach, natürlich!", rief Judiths Mutter. „Sie war völlig außer sich deswegen. In der Gegend hier passieren solche Dinge öfter, und die Polizei tut nichts dagegen."
Sie stellte den Karton auf der Treppe ab und strich sich nervös die Haare hinter die Ohren. „Genug jetzt,

ich muss hinauf. Ich werde ihr sagen, dass du da gewesen bist."

„Darf ich sie nicht einen Augenblick ..."

„Nein, nein, sie schläft gerade. Sie hat schlimme Kopfschmerzen, und dann verträgt sie keinen Rummel."

Judiths Mutter lächelte krampfhaft und sagte: „Tschüs, eh, wie war noch dein Name?"

„Michiel."

„Ach ja ... also tschüs, Michiel."

Die Tür schloss sich rasch hinter ihr.

Judith hatte sofort Michiels Stimme erkannt. Erstarrt vor Schreck hörte sie mit, was unten im Flur gesagt wurde, und ihre Knie wurden weich vor Angst, als Michiel von den Jungs anfing, die sie verdroschen hätten.

Eilig schlich sie sich zu ihrem Sessel zurück, als ihre Mutter die Treppe heraufkam, und tat, als sei sie in ein Buch vertieft.

Ihre Mutter stieß die Tür auf und donnerte den Karton auf den Tisch. Mit ein paar Schritten war sie bei Judith und riss ihr das Buch aus den Händen.

„Was hat das zu bedeuten?", rief sie schrill. „Wer ist dieser Michiel?"

„Ein ... ein Junge aus meiner Klasse."

„Und was will der hier?"

Judith zuckte mit den Schultern.

„Antworte, wenn ich dich etwas frage!" Judith tauchte eine Sekunde zu spät weg, der Schlag mit dem Buch kam hart an. Sie schützte ihren Kopf und rief: „Er ist einfach ein Junge aus meiner Klasse."

„Ist er schon mal hier gewesen?"

„Nein ... ja ... au, Mama ... nicht, nicht, bitte Mama ... Michiel hat mir etwas vom Lehrer gebracht", schrie sie.

Die Schläge mit dem Buch hörten auf.

„Was gebracht, und wann?"

„Vor einiger Zeit, als du ... als ich daheimgeblieben war. Du hattest in der Schule angerufen und gesagt, ich hätte Grippe. Da hat Michiel mir eine Tüte Lakritz vom Lehrer bringen müssen."

„Ich hatte dir verboten aufzumachen", schrie ihre Mutter.

„Ich hab auch nicht aufgemacht, wirklich nicht, Mama, wirklich nicht. Ich habe ihn schellen lassen, genau wie jetzt. Aber dann hat das Telefon geklingelt, und ich habe gedacht, du wärst es, aber es war Michiel. Er rief vom Metzger aus an und sagte, er würde gleich vor der Tür stehen. Da musste ich doch aufmachen."

Ihre Mutter hob wieder den Arm.

„Und was ist das für eine Geschichte von den Jungs, die dich verprügelt haben?"

„Michiel hat gefragt, wie ich zu dem blauen Fleck in meinem Gesicht gekommen wäre", erzählte Judith zittrig. „Da habe ich gesagt, ich wäre ... ich wäre auf der Straße von ein paar Jungs angegriffen worden."

„Ja, das Lügen fällt dir nicht schwer", schimpfte ihre Mutter, „das macht dir nicht das Geringste aus. Aber dieser Michiel tritt mir hier nicht mehr über die Schwelle, hast du das verstanden? Ich habe dir oft genug gesagt, dass ich hier keine Topfgucker haben möchte."

Topfgucker *Schnüffler (umgangssprachlich)*

„Ja, Mama", flüsterte Judith.

„Und was Nico angeht, der kommt heute Abend zum Essen. Dann kannst du ihm selber sagen, wessen du ihn beschuldigst."

Judith starrte sie entgeistert an.

„Muss ich ... muss ich ihm das sagen?"

höhnen *auslachen, spotten*

„Ja, wer denn sonst? Du hast es doch schließlich selbst gesehen.", höhnte ihre Mutter. Sie knallte das Buch auf den

Tisch und ging ins Schlafzimmer, wo Dennis, der noch immer fieberte, zu weinen angefangen hatte.
Judith blieb wie erschlagen zurück und hörte zu, wie ihre Mutter versuchte, Dennis zu beruhigen.

Immer wieder schweifte Judiths Blick zur Uhr. In einer halben Stunde würde Nico kommen. Das dumpfe Hämmern in ihrem Kopf wurde immer schlimmer. Den ganzen Nachmittag hatte sie gegrübelt, wie es mit Michiel weitergehen sollte. Nie durfte ihre Mutter erfahren, dass sie mittags mit zu ihm nach Hause ging, aber was konnte sie sich ausdenken, damit er nicht mehr hierherkam?
Gestern, als ihre Mutter sie mit der Teigrolle verprügelt hatte, musste sie durch einen Schlag auf den Hinterkopf vorübergehend bewusstlos gewesen sein. Das war ihr Glück gewesen, sonst hätte ihre Mutter wahrscheinlich weitergemacht; jetzt waren die Schmerzen in Schultern und Rücken fast noch erträglich. Bloß ihr Schädel ... Vorsichtig betastete Judith die Beule an ihrem Hinterkopf; ein Glück, dass sie nicht zu sehen war. Durch etwas Kaltes war sie wieder zu sich gekommen; ihre Mutter hatte sie auf die Couch gelegt und ihr anschließend Wasser ins Gesicht gesprenkelt. Zunächst hatte sie nicht gewusst, wo sie war; die Umgebung war ihr fremd, und das Geschnatter, das auf sie niederprasselte, hatte ihre Verwirrung nur größer gemacht.
Langsam war ihr klargeworden, dass das schnatternde Geräusch die Stimme ihrer Mutter war, von der nur Fetzen sie erreichten: „Nico ... zu viel ... allein ... allem allein auf mich gestellt ... man macht und tut ... niemand ...“
Niemand ... Das letzte Wort hakte sich in ihrem Hirn fest.
„Sag etwas, Judith, sag etwas!“ Der Satz kam durch einen langen Tunnel und erreichte schließlich ihr Trommelfell.

Sie hatte sich bis zum Äußersten anstrengen müssen; ihre Lippen bewegten sich, aber zunächst kam kein Ton zwischen ihnen hervor.

„Sag etwas!“

„Ich bin ... ich bin ...“, wisperte sie.

„Du bist was?“ Es klang eindringlich.

„Niemand ...“, seufzte sie.

Dann hatte sie Dennis gehört, der ihren Namen rief. Sein Stimmchen kam auf sie zugeschwebt und zog sie in die Wirklichkeit zurück.

„Dennis“, flüsterte sie und begriff mit einem Mal wieder, wo sie war.

„Ach, Judith ... du hast mir so einen Schreck eingejagt.“

Die Augen ihrer Mutter waren angstgeweitet und standen voller Tränen.

Judith deckte den Tisch. Ihr war schlecht vor Kopfweh, und ihre Hände zitterten. Da ertönte die Klingel, und ihre Mutter stob die Treppe hinab; Lachen erklang im Flur, und dann wurde es still. Jetzt küssen sie sich, wusste Judith.

stob *Vergangenheitsform von stieben: schnell laufen*

Sie hatte nie verstanden, wie ihre Mutter sich vom einen Augenblick zum anderen derart verändern konnte.

Gestern Abend war sie wieder lieb gewesen und hatte sie verhätschelt. Nichts war ihr zu viel gewesen. Nervös und emsig war sie durchs Haus getrabt, hatte einen Schlafsack und ein Kissen geholt und Judith aufs Sofa gebettet. Als sie sagte, sie hätte keinen Hunger, hatte ihre Mutter eine Suppe gekocht und sie gedrängt, doch wenigstens diese zu essen. Sie hatte sie sogar gefüttert! Und dann war wieder dieses heiße, brennende Gefühl hinter Judiths Augen aufgekommen, das sie immer bekam, wenn die Mutter lieb zu ihr war und sie ihre Tränen nicht mehr zurückhalten konnte.

„Hast du Schmerzen?“, hatte ihre Mutter besorgt wissen wollen, und sie hatte genickt – aber deswegen musste sie nicht weinen.

Auch heute früh war alles gut gegangen, bis Michiel klingelte. Danach war es wieder verkehrt gewesen, aber sie war nicht geschlagen worden, wenigstens nicht sehr.

Dennis rief auf einmal. Hastig ging Judith ins Schlafzimmer. Sie war erleichtert, dass sie sich mit ihm beschäftigen konnte, dann brauchte sie nicht bei Nico und ihrer Mutter zu sitzen.

Sie nahm rasch ein Bilderbuch und besah sich mit ihm die Bilder, während sie die Geräusche im Flur aufmerksam verfolgte. Schritte kamen herauf, und Nicos Stimme schallte durchs Haus.

„Dennis krank, sagst du? Dann wollen wir doch erst einmal nach dem Bengel sehen.“

Die Tür zum Schlafzimmer ging auf. „Du auch hier, Judith? Hast du ihm etwas vorgelesen?“ Nico hatte die Angewohnheit, hintereinander Fragen zu stellen, ohne eine Antwort abzuwarten. „Und du bist krank, Dennis? Grippe? Sieh mal, Nico hat dir etwas mitgebracht. Ein Auto. Wie findest du das?“

„Auto“, wiederholte Dennis und streckte sein Händchen aus.

„Na, du siehst aber auch nicht gerade blendend aus“, dröhnte Nico weiter. „Steckt dir auch die Grippe in den Knochen?“ Er fuhr Judith übers Haar und rief: „Was hast du denn da? Eine Beule so groß wie ein Hühnerei! Zeig einmal her. Sieh dir das mal an, deine Tochter hat eine Beule so groß wie ein Hühnerei! Tut es weh? Wie ist das passiert?“

„Gestern hat sie sich mit Dennis gebalgt, und da ist sie gegen den Schrank gedonnert“, antwortete ihre Mutter rasch.

„Na, das muss ja ein tüchtiger Fall gewesen sein. Das spürst du bestimmt noch. Siehst du deshalb so blass aus? Aber ich habe etwas für dich mitgebracht. Hier, schau mal, das ist für dich.“

Er drückte Judith eine Rolle Lakritz in die Hand.

„Du magst doch Lakritz? Die sind alle für dich, Mädel. Und nicht mehr so wild sein, versprichst du mir das?“

Judith nickte und murmelte: „Danke schön, Nico.“

Doch Nico hatte sich umgedreht und war schon auf dem Weg zur Küche.

„Und was gibt es heute Abend zu essen? Mädel, wie gut das riecht, genauso gut wie du, ha-ha ... Soll ich den Tisch decken? Ist schon erledigt, sagst du?“

Seine Stimme dröhnte unermüdlich weiter. Judith stand noch immer mit der Rolle Lakritz in der Hand da.

„Dennis Auto“, erzählte Dennis und ließ das Auto über sein Kissen fahren.

Bedrückt sah sie zu und legte die Rolle Lakritz neben Dennis’ Bett.

Bei Tisch konnte Judith keinen Bissen herunterbekommen. Es fiel nicht so auf, weil sie Dennis zu füttern versuchte, der ebenfalls keinen Appetit hatte. Bleich und angespannt saß sie da und wartete auf den Augenblick, wo sie Nico erzählen musste, was sie gesehen hatte. Bisher waren ihre Mutter und Nico zu sehr miteinander beschäftigt, um besonders auf sie zu achten. Nico erzählte von einem Urlaubserlebnis, worüber ihre Mutter ausgiebig lachen musste.

Judith fühlte die Übelkeit in Wellen in sich aufsteigen; das geschah oft, wenn sie solche Kopfschmerzen hatte.

Als ihre Mutter ausgelacht hatte, sah Nico in ihre Richtung. Sein Blick war aufrichtig besorgt, als er bemerkte: „Ich finde, du siehst hundsmiserabel aus, Judith. Geht es dir nicht gut?“ Diesmal wartete er auf eine Antwort.

„Ich ... ich habe solche Kopfschmerzen“, stammelte Judith, und die Tränen sprangen ihr in die Augen, vor Verzweiflung, aber auch, weil er so nett gefragt hatte.
„Judith hat immer irgendetwas“, sagte ihre Mutter.
„Wahrscheinlich kommt es durch den Fall gegen den Schrank“, meinte Nico.
Judith starrte auf ihren Teller.
„Darf ich nach oben?“ Sie sah ihre Mutter flehentlich an. „Mir ist wirklich nicht gut.“
„Das kann ich mir vorstellen“, bemerkte ihre Mutter vielsagend. „Also gut denn.“
Judith stand auf und flüchtete sich in ihr Dachzimmer.

13

An diesem Abend war Michiel auffallend schweigsam. Er saß am Wohnzimmertisch und machte Schularbeiten. Onkel Bob war zu einer Versammlung, und Tante Elly brachte die Zwillinge ins Bett. Danach kochte sie Kaffee und ließ sich aufs Sofa fallen.
„Endlich einen Augenblick für mich selbst", ächzte sie und schüttelte ihre Schuhe von den Füßen.
Michiel sah zu ihr hinüber und kaute auf seinem Stift. Seine Tante erkannte den Blick, der so viel besagte wie: Ich will mit dir reden, aber du musst anfangen.
„Bestimmt musst du über einiges nachdenken", begann sie deshalb.
Michiel nickte und rührte scheinbar abwesend in seinem Kaffee.
„Über deinen Vater?"
„Ja, auch."
„Ich fand ihn sehr verändert, mehr so wie früher, als deine Mutter noch lebte."
„Kanntest du ihn gut in der Zeit?"
„Ja, ziemlich gut, obwohl dein Vater immer recht verschlossen gewesen ist. Aber deiner Mutter machte das nichts, die wusste irgendwie an ihn heranzukommen, und ich habe den Eindruck, dass Helen das auch gelingt. Kannst du dich noch an sie erinnern?"
„Ja, besser eigentlich als an meine Mutter, obwohl ich diese Helen nur einmal gesehen habe."
„Du warst ja auch sehr klein, als deine Mutter starb."
„Wie ist sie eigentlich gewesen?"
Diese Frage hatte er in den vergangenen Jahren häufig gestellt, und immer war Tante Elly darauf eingegangen. Es störte ihn nie, wenn sie bestimmte Ereignisse wiederholte,

im Gegenteil; ihre Jugenderinnerungen an seine Mutter wurden auch zu einem Teil von ihm.

Tante Elly zog die Beine hoch und setzte sich bequem hin. „Deine Mutter?“ Mit dieser Gegenfrage begann jedes Mal ihr Gespräch.

„Ja. Hatte sie Ähnlichkeit mit dir?“

„In mancher Hinsicht schon. Beispielsweise waren wir alle beide deinem Vater gewachsen, allerdings kam es zwischen mir und deinem Vater des Öfteren zu Zusammenstößen, wogegen deine Mutter viel mehr erreichte, weil sie nachgiebiger war und diplomatischer. Und sie hatte auch mehr Geduld ...“

jemandem gewachsen sein *es mit jemandem aufnehmen können*

diplomatisch *hier: geschickt, klug*

„Du bist sonst aber auch ziemlich geduldig, weißt du“, bemerkte Michiel.

„Danke, du Lieber“, entgegnete Tante Elly lächelnd.

„Deine Mutter hatte viele Freunde“, fuhr sie fort, „aber sie entschied sich für den schwierigsten: deinen Vater. Er war auch schon etwas älter, und neben ihm sahen viele ihrer sonstigen Freunde sehr jung und unerfahren aus. Außerdem verfügte dein Vater über eine Menge Grips, womit er jeden zum Schweigen bringen konnte; er redete dich mit Leichtigkeit über den Haufen. Mir war das ab und zu unheimlich, aber deine Mutter hat das überhaupt nicht beeindruckt. Die fand es einfach nur praktisch. ‚Er ist wie ein wandelndes Lexikon‘, sagte sie, ‚ich brauche nur noch selten etwas nachzuschlagen. Nur das Wort ‚schmusen‘ findet er nie von allein, das muss ich ihm jedes Mal wieder neu beibringen‘, und dann hat sie ihn mitunter vor aller Augen geküsst. Du hättest dann sein Gesicht sehen müssen; er wusste nicht, wohin er sehen sollte, deine Mutter küsste nämlich ziemlich gerne“, meinte Tante Elly und lachte.

Grips *Verstand, Vernunft*

„Genau wie du“, bemerkte Michiel.

„Ja, aber zum Glück findet Onkel Bob das nicht schlimm.“

„Nein.“ Michiel lachte jetzt auch. Er musste auf einmal an den Klempner denken, der in der letzten Woche in die Küche getreten war, gerade als Tante Elly sich von Onkel Bob verabschiedete. „Na, Ihnen brauche ich wohl keinen guten Morgen mehr zu wünschen“, hatte der Klempner daraufhin gesagt.

„Und doch waren deine Eltern total verrückt nacheinander“, fuhr Tante Elly fort. „Im Nachhinein glaube ich, dass dein Vater völlig am Ende gewesen sein muss, als deine Mutter starb; nur zeigte er das nicht nach außen. Er hat es auf seine Weise verarbeitet, und zwar indem er sich selbst nicht schonte und dich ebenso wenig. Er hat geglaubt, auf diese Weise damit fertig zu werden, aber er sah nicht, dass du dabei völlig draufgingst. Mit all seinem Verstand war er manchen Dingen gegenüber vollkommen blind. Erst nach Jahren wurde ihm das ein wenig klarer, aber da hatte er den Verlust deiner Mutter einigermaßen verarbeitet. Ich glaube, dass auch diese Helen einen günstigen Einfluss hat, das habe ich an dem Gespräch gestern Abend gemerkt; seit Jahren habe ich deinen Vater nicht mehr so entspannt erlebt. Nachdem du zu Bett gegangen bist, hat er zum ersten Mal gesagt: Das Beste, was ich für Michiel getan habe, war, ihn zu euch zu schicken. Das ist nicht immer so gewesen. Manchmal hat er uns das Gefühl gegeben, als hätten wir dich ihm weggenommen.“

Michiel kaute noch immer nachdenklich auf seinem Stift.

„Zu mir war er auch anders, und ich musste mich erst mal daran gewöhnen, weißt du, so kenne ich ihn nämlich gar nicht.“

„Du trägst noch immer dieses Bild von früher in dir, wie er in Amerika war, aber auch Eltern können sich ändern.“

Michiel wippte nervös mit dem Fuß. „Ihr schickt mich doch nicht zurück, ich meine ... wenn er diese Helen womöglich heiratet.“

„Bist du verrückt!“, rief Tante Elly. „Was fällt dir ein? Nur, wenn du es selber willst; das überlassen wir ganz allein dir.“

Michiel atmete erleichtert auf. „So was Ähnliches hat Papa auch gesagt. Er würde sich freuen, wenn ich in den Ferien einmal käme, aber dazu habe ich noch keine rechte Lust.“

„Ich hätte schon Lust“, bemerkte Tante Elly.

„Dass ich fahre?“

„Nein, dass ich fahre“, sagte Tante Elly, „oder besser: wir alle miteinander. Ein paar Wochen Amerika kann ich mir gut vorstellen.“

„Ja, wenn wir alle zusammen fahren würden“, rief Michiel, „das wäre natürlich etwas anderes.“

„Sag mal, musst du keine Schularbeiten machen?“, fragte Tante Elly.

„Wir haben nicht so viel aufbekommen.“ Michiel zögerte, öffnete den Mund und machte ihn wieder zu.

Tante Elly schaute ihn fragend an.

„Hast du noch etwas auf dem Herzen ?“

„Ja. Ich habe Judiths Mutter heute Nachmittag gesehen“, stieß er hervor.

„Und wie war sie?“

„Sonderbar. Ich weiß nicht genau, wie ich es sagen soll. Sie hat mich nicht einmal ins Haus gelassen.“

„Und weshalb nicht?“

„Weiß ich nicht. Judith war wieder einmal krank, und da bin ich kurz bei ihr vorbeigefahren, um zu fragen, wie das mit dem Freund ihrer Mutter ausgegangen ist.“

Michiel erzählte die Geschichte von der Handtasche.

„Was für eine schlimme Situation“, meinte Tante Elly, „und zwar für Judith und für ihre Mutter gleichermaßen.“

„Ja.“ Michiel runzelte die Stirn. „Aber weißt du, ich fand es so verrückt, dass sie nicht einmal wusste, wer ich war.

Sie fragte, wie ich heiße, und als ich es sagte, kam mir vor, als hörte sie diesen Namen zum ersten Mal. Sie muss doch wissen, dass ich Judith oft auf dem Rad begleite, seit sie von diesen Jungs angegriffen wurde, und auch, dass Judith hierherkommt?"

Auch Tante Elly schien erstaunt.

„Vielleicht ist ihre Mutter etwas überarbeitet. So wie ich es verstanden habe, steht sie mit allem allein da. Ich finde übrigens, dass Judith manchmal sehr schlecht aussieht, so als bekäme sie regelmäßig zu wenig Schlaf. Kein Wunder, dass sie häufig krank ist."

„Sie muss ihrer Mutter oft helfen und auch auf ihren kleinen Bruder aufpassen."

„Ja, das hat sie erzählt. Du magst Judith gern, nicht wahr?"

Michiel nickte. „Sie hat Ähnlichkeit mit Steffie, du weißt schon, das Nachbarmädchen in Amerika, von der ich dir schon erzählt habe, und trotzdem ist sie ganz anders. Judith ist viel ... viel stiller, aber sie ist nicht langweilig. Und sie gibt dir das Gefühl ...", Michiel rutschte verlegen auf seinem Stuhl hin und her, „... als wenn sie dich sehr braucht", vollendete er seinen Satz.

Dieser Junge trifft genau den Nagel auf den Kopf, dachte seine Tante. Sie kann tatsächlich so dreinschauen, als ob sie einen sehr, sehr braucht. „Das stimmt", sagte sie, „ich glaube, dass du ihr sehr viel bedeutest."

„Glaubst du das wirklich?"

„Ja."

Aber wieso wusste ihre Mutter dann überhaupt nichts von mir?, nörgelte eine leise Stimme in Michiels Kopf.

14

„Schön, dass du wieder da bist“, sagte der Lehrer zu Judith. „Bitte bleib in der Pause noch im Klassenraum, ich muss mit dir reden.“

„Ist gut.“ Verwirrt suchte Judith ihren Platz auf. Was der Lehrer wohl von ihr wollte? In ein paar Wochen bekamen sie die Osterzeugnisse; vielleicht würde ihres sehr schlecht sein. Unruhig schaute sie sich in der Klasse um. Michiels Stuhl war leer.

„Heh, Michiel fehlt noch“, bemerkte der Lehrer erstaunt. „Weiß jemand, wo er steckt?“

„Ja, Judith“, rief Diana.

Alle Köpfe drehten sich zu Judith, die feuerrot wurde. Manche grinsten.

„Selma fehlt auch“, fuhr der Lehrer fort, als hätte er nichts gehört.

„Selma hat Grippe“, wusste jemand.

Der Unterricht begann. Judith quälte sich durch die ersten beiden Stunden hindurch. Sie versuchte wirklich, sich zu konzentrieren. Der Lehrer sah ihr angestrengtes, kleines Gesicht, das sich über das Heft beugte. Er durchschritt die Reihen und blieb hier und da ein Weilchen stehen, um etwas zu erklären. Bei Judiths Tisch angelangt, legte er ihr leicht die Hand auf die Schulter. Sie zuckte zusammen.

„Habe ich dich erschreckt?“, fragte er.

„Ja“, murmelte Judith verschüchtert. Ihr Herz raste, während sie den sich entfernenden Schritten des Lehrers lauschte. Dumm von ihr, sich so zu erschrecken. Ihre Hände waren schweißnass, und zittrig schrieb sie weiter.

Die Glocke schrillte, und sofort war die Stille vorbei; überall ertönten Gepolter, Lärm und Geschrei.

„Kommst du mit?“, fragte Diana.

„Gleich“, sagte Judith und blieb trödelnd zurück.
„Dann eben nicht.“ Beleidigt drehte sich Diana um und verließ das Klassenzimmer.
Der Lehrer stand an der Tür, und als der Raum leer war, sagte er: „So, jetzt können wir einmal ruhig miteinander reden.“
Er setzte sich an seinen Tisch und deutete einladend auf einen Stuhl. Danach holte er zwei Äpfel zum Vorschein und begann diese in aller Ruhe zu schälen. Er gab ihr ein Stück und steckte sich selbst auch eins in den Mund.
Während er weiter Äpfel schälte, sagte er: „Mir ist aufgefallen, dass du häufiger krank bist, Judith. Deine Mutter schreibt, du hättest oft Kopfschmerzen.“
„Ja. Ich habe eine Gehirnerschütterung gehabt“, erzählte Judith schüchtern. „Ach, wie ist das denn passiert?“
„Ich ... ich bin die Treppe runtergefallen.“
„Daheim?“
Judith nickte. „Ach nein, es ist bei meiner Tante passiert“, verbesserte sie sich rasch, „und danach habe ich oft Kopfschmerzen bekommen.“
„Wie unangenehm für dich“, sagte der Lehrer mitfühlend. „Wie hieß die Schule eigentlich, auf der du zuletzt warst?“
„Die Margarethenschule.“
„Hier in Den Haag?“
„Ja.“ Judith nannte den Namen des Viertels. „Und davor bin ich auf die St.-Josefs-Schule gegangen.“
„Du hast ziemlich oft die Schule gewechselt“, bemerkte der Lehrer und schob ihr noch ein Stück Apfel zu.
Judith nickte.
„Und weshalb?“
„Immer wenn meine Mutter eine andere Arbeit bekommen hat.“ Allmählich fühlte Judith sich etwas sicherer. Es

ging nicht um ihr Zeugnis; der Lehrer wollte bloß wissen, welche Schulen sie besucht hatte.

„Und einmal auch, weil Onkel Ben bei uns eingezogen war, das ist der Vater von meinem kleinen Bruder. Unsere Wohnung war zu klein, und deshalb sind wir in eine größere Etagenwohnung gezogen. Aber als Onkel Ben wieder fortging, wurde die Wohnung zu teuer, und wir mussten uns etwas anderes suchen."

Der Lehrer nickte. „Und dein eigener Vater?"

Judith zuckte mit den Schultern. „Meine Eltern wurden geschieden, als ich noch ein Baby war."

„Deine Mutter steht also mit allem allein da."

Judith nickte.

„Und du musst daheim natürlich viel helfen. Deinen kleinen Bruder wahrscheinlich zum Kindergarten bringen und wieder von dort abholen, einkaufen ..."

„Die Einkäufe erledigt meine Mutter meistens", erzählte Judith, „aber ich hole meinen Bruder vom Kindergarten und passe auf ihn auf, bis meine Mutter nach Hause kommt."

„Keine leichte Aufgabe", sagte der Lehrer, „prima, wie du das machst."

Judith wurde feuerrot.

„Mein kleiner Bruder ist zum Glück nicht anstrengend", sagte sie, „nur ganz ab und zu mal."

Der Lehrer lächelte.

„Aber ich glaube, du machst noch viel mehr, als bloß auf deinen kleinen Bruder aufzupassen. Und dann kommen ja auch noch deine Schularbeiten hinzu. Ich finde das wirklich eine tolle Leistung. Das gilt übrigens auch für deine Mutter, die wird bestimmt auch ein anstrengendes Leben haben; ein Beruf, und dann zwei Kinder zu versorgen, das ist schon allerhand."

Judith nickte. Mittlerweile fühlte sie sich geradezu wohl.
„Du darfst deshalb auch absolut nicht zögern, wenn du meine Hilfe brauchst. Dazu bin ich da.“
„Meinen Sie mit den Schularbeiten oder so?“, fragte Judith. Ohne darüber nachzudenken, schob sie den Ärmel ihres Pullovers hoch.
„Ich meine mit allem. Du kannst mir vertrauen, Judith. Wenn du Dinge loswerden willst, kannst du immer mit mir reden. Du scheinst mir ein sehr ernsthaftes Mädchen mit einem großen Verantwortungsgefühl zu sein. Aber jeder braucht ab und zu einmal jemanden, bei dem er sein Herz erleichtern kann. Und auch wenn ich dein Lehrer bin; ich bin wirklich nicht der Verkehrteste, zu mir kannst du immer kommen.“
Er nickte ihr aufmunternd zu. „Hier, das letzte Stück ist für dich“, sagte er.
Judith nahm es und steckte es in den Mund.
„Heh, wie kommst du an diese blauen Flecken?“, fragte der Lehrer und packte ihren Arm.
Er fühlte, wie sie erstarrte, und sie zog schnell ihren Arm zurück.
„Ach, ich habe mich mit meinem Bruder gebalgt, und dann bin ich gegen einen Schrank gefallen“, sagte sie mit vollem Mund, während sie ihren Ärmel rasch wieder hinunterzog. Es klang beiläufig, und sie wich seinem Blick aus.
„Meine Güte ... das muss aber eine heftige Balgerei gewesen sein.“ Der Lehrer schob seinen Stuhl zurück.
„Komm, wir gehen hinaus“, sagte er.
Zusammen verließen sie das Klassenzimmer. Als Judith ins Freie kam, musste sie blinzeln; sie fühlte, dass ihre Augen sich mit Tränen füllten. Wieso musste sie eigentlich immer heulen, wenn jemand nett zu ihr war?

Zur Mittagszeit fuhr Judith rasch zu Michiel. Sie war zunächst im Zweifel gewesen, ob sie fahren sollte, aber kaum hatte es geklingelt, da war sie schon zum Fahrradstand gelaufen.

Außer Atem kam sie bei Michiel zu Hause an. Genau wie immer ging sie hinten durch den Garten und lehnte das Fahrrad gegen den Geräteschuppen. Die Zwillinge kamen ihr nicht entgegen, und auch als sie zur Küche ging, entdeckte sie niemanden. „Huhu!", rief sie, als sie im Haus stand.

„Bist du es, Judith?", klang Tante Ellys Stimme von oben. „Ich komme!" Kurz darauf stand sie mit Michèle auf dem Arm vor ihr.

„Geht es dir wieder besser?" Tante Elly gab Judith einen Kuss, genauso wie sie es immer bei Michiel tat. Judith wusste noch immer nicht, wie sie sich verhalten sollte, wenn Tante Elly das machte oder wenn sie ihr über den Kopf streichelte.

„Du siehst noch ein bisschen blass aus", meinte sie. „Aber ich freue mich, dass du gekommen bist, denn jetzt ist Michiel krank. Er ist ungenießbar. Er hat eine Mandelentzündung, deshalb hielt ich es für besser, ihn daheimzubehalten, trotz seiner Proteste. Geh nur schnell zu ihm, dann bringe ich euch einen Teller Suppe hinauf."

Judith bückte sich, um Michèle zu drücken. „Bichiel krank", erzählte Michèle noch einmal, „aber Bichèle nicht krank. Bichèle wieder gesund."

„Michèle ist überhaupt nicht krank gewesen", sagte Tante Elly und lachte.

„Sind David und Frank nicht da?"

„Die essen bei einem Freund zu Mittag, aber wenn sie gewusst hätten, dass du kommst, wären sie bestimmt geblieben. Sie haben dich wirklich vermisst", sagte Tante Elly herzlich. „Du weißt, wo Michiels Zimmer ist, nicht?"

„Aber ja." Judith ging schon die Treppe hinauf. Sie klopfte an Michiels Tür und trat ein.
„Whow, du?" Froh richtete Michiel sich auf. Er sah fiebrig aus, und sein Blick war matt.
„Das hier stinkt mir gewaltig", erklärte er voller Entrüstung, „heute früh durfte ich nicht einmal zum Training."
„Nein, wie schlimm", sagte Judith lachend. „Und wie geht es deinem Hals jetzt?"
„Fast schon wieder weg", behauptete Michiel optimistisch, aber Judith merkte, dass ihm das Schlucken schwerfiel.

optimistisch *zuversichtlich, hoffnungsvoll*

„Und du? Bist du wieder ganz in Ordnung?"
„Ja."
„Ich bin bei dir zu Hause gewesen", erzählte Michiel, „ich habe geklingelt wie blöd, aber du hast nicht aufgemacht. In dem Augenblick kam deine Mutter, und die sagte, du würdest schlafen."
„War auch so", log Judith. „Meine Mutter hat mir später erzählt, dass sie dich getroffen hat."
Eine Stille trat ein. Sie schauten einander nicht an. Judith stand ungeschickt auf und ging zum Schrank, wo der Koalabär stand. Verrückt, dachte Michael, sie fasst nie etwas an. Sie guckt immer nur.
„Du darfst ihn ruhig in den Arm nehmen, er ist nicht aus Glas", sagte er.
Vorsichtig nahm Judith den Bären und setzte sich wieder.
„Am schönsten finde ich, dass er so kahl ist. Sein ganzes Fell ist abgewetzt", sagte Judith.
„Wieso findest du das schön?"
„Daran merkt man, dass es ein Lieblingsbär ist."
„Es ist ja auch Steffies Lieblingsbär gewesen", sagte Michiel.
„Ja, das hast du erzählt."
Wieder wurde es still. Judith betrachtete den Bären und befummelte sein übriggebliebenes Ohr.

„Wie ist das übrigens mit dem Geld deiner Mutter ausgegangen?“ Michiel setzte sich auf, stopfte sich das Kopfkissen in den Rücken und schlang die Arme um die Knie.

„Ach, gut“, antwortete Judith, so neutral sie konnte. „Ihr hat zum Glück nichts gefehlt. Wahrscheinlich hat Nico einfach nach Zigaretten gesucht.“

neutral
hier: unbeteiligt, ohne Gefühle zu zeigen

Judith war ganz auf den Bären konzentriert.

„Und du hast dir also umsonst Sorgen gemacht.“

„Ja. Dumm, was?“

„Weißt du, was ich dumm finde?“, platzte Michiel auf einmal heraus. „Dass deine Mutter nicht einmal gewusst hat, wer ich bin.“ Es klang verletzt.

Judith klammerte sich mit beiden Händen an dem Bären fest.

„Das weiß sie auch nicht“, bekannte sie unglücklich, „du bist ein Geheimnis.“

„Ein Geheimnis? Wieso?“ Michiel zog die Stirn kraus.

„Sie will eigentlich nicht, dass jemand zu uns zu Besuch kommt.“ Judith brach der Schweiß aus.

„Und weshalb nicht?“

„Sie hat immer Angst, es könnte etwas passieren. Dennis oder mir könnte etwas zustoßen. Sie ist ... sie ist ziemlich besorgt, weißt du ...“

„Dann weiß sie also auch nicht, dass du mittags hierherkommst?“

„Nein“, sagte Judith mit zittriger Stimme. „Das habe ich lieber nicht erzählt, sonst macht sie sich deswegen wieder Gedanken.“

„Kompliziert, das Ganze“, dachte Michiel laut, „weshalb sollte sie sich deswegen Gedanken machen?“

Judith zuckte mit den Schultern. „Erzählst du es nicht weiter?“, fragte sie ängstlich.

„Mach dir deswegen keine Sorgen“, beruhigte Michiel sie.

„Aber weißt du, was ich verrückt finde?“
„Was denn?“ Beunruhigt wartete Judith.
„Vor einiger Zeit bist du von diesen üblen Typen verprügelt worden. Das war nur möglich, weil du allein gewesen bist. Statt Angst zu haben, müsste sie im Gegenteil froh sein, dass jemand dich auf dem Rad begleitet.“
„Ich verstehe es auch nicht ganz“, gab Judith hilflos zu.
„Eltern sind manchmal wirklich nicht zu begreifen“, seufzte Michiel. „Mein Vater zum Beispiel, er ist hier gewesen.“
Judith war heilfroh, dass nicht mehr ihre Mutter das Gesprächsthema war. „Und wie war's?“
„Einfach unglaublich.“
Judith machte ein fragendes Gesicht.
„Es ist beinahe sogar schön gewesen“, erklärte Michiel grinsend. Er berichtete Judith vom Besuch seines Vaters im Schwimmbad, von ihrem Gespräch in der Kneipe, wo sein Vater erzählt hatte, dass er Helen wieder begegnet sei. „Und jetzt haben sie etwas miteinander.“ Michiel musste vor Aufregung husten. „Er war wirklich anders, hat auch nicht abfällig getan oder so. Weißt du, was er sogar gesagt hat? ‚Du musst mich oft schlichtweg wie die Pest gehasst haben. Ich kann es dir nicht verdenken.‘ Mein Vater! Ich hatte gesagt, dass er immer behauptet hätte, Sport sei nicht wichtig, und da hat er gemeint: ‚Blöd, was?‘ Und kurzsichtig fand er es obendrein, stell dir vor! Und jetzt joggt er sogar selber!“

jemandem etwas verdenken
jemandem etwas übel nehmen

Michiel musste gleichzeitig husten und lachen. „Das kommt natürlich alles durch diese Helen, die ist Sportlehrerin, die bringt ihn auf Trab.“
In dem Augenblick kam Tante Elly mit zwei Tellern voll dampfender Suppe herein.
„Ich sehe, dass deine Laune gestiegen ist“, bemerkte sie, „und dein Fieber wahrscheinlich auch.“ Sie legte ihm die Hand auf die Stirn. „Du glühst richtig.“

„Du willst doch nicht sagen, dass ich morgen auch noch zu Hause bleiben muss ?“

„Judith, hilf mir“, flehte Tante Elly. „Ist dieser Junge hier krank oder nicht?“

„Ja“, antwortete Judith lachend.

„Auf dich ist auch kein Verlass“, meckerte Michiel.

Judith sah auf den Wecker und rief: „Meine Güte, ich muss mich beeilen, sonst komme ich noch zu spät zur Schule.“

„Du hast noch nichts gegessen“, sagte Tante Elly.

„Das tue ich auf dem Rad.“ Sie löffelte die warme Suppe so schnell sie konnte in sich hinein und zog den Reißverschluss ihrer Jacke hoch.

„Kommst du morgen wieder?“

„Nur wenn du krank bist“, antwortete Judith.

„Das heißt also ja“, meinte Tante Elly lachend und ging mit Judith nach unten, um sie zu verabschieden.

15

Noch am gleichen Nachmittag rief der Lehrer die Margarethenschule an. Schon bald wurde abgehoben.

„Margarethenschule, Evelyn de Bruin.“

„Hier spricht Rinus van der Heuvel von der Grundschule Das Kleeblatt. Ich hätte gern einige Informationen über eine meiner Schülerinnen, die vorher Ihre Schule besucht hat. Sie heißt Judith van Gelder und ist nach den Weihnachtsferien zu uns gekommen.“

„Judith van Gelder, sagen Sie?“ Es folgte eine kurze Pause, aus der er schloss, dass am anderen Ende nachgedacht wurde. „Ja, die ist tatsächlich anderthalb Jahre hier bei uns in die Schule gegangen. Ich selbst habe sie ein paar Monate in der Klasse gehabt. Ein stilles Mädchen, schmal, sie hat sich ziemlich abseitsgehalten“, zählte Evelyn de Bruin auf. „Ach ja, und ihr fehlte immer etwas. Einmal war es die Grippe, dann wieder waren es Kopfschmerzen, sodass sie nicht am Sport teilnehmen konnte. Und Schwimmen tat sie auch so gut wie gar nicht, sie hatte nämlich ein Ekzem oder so etwas.“

Ekzem *Hautausschlag*

„Ja, mir ist auch aufgefallen, dass sie oft krank ist. Sind Sie jemals ihrer Mutter begegnet?“

„Nein, nie. Zu den Elternabenden ist sie nicht gekommen, auch nicht im ersten Jahr. Ich habe sie zwar einmal angerufen, und da versprach sie zu kommen. Sie tat sehr besorgt wegen Judith; sie sei immer ein kränkelndes Kind gewesen, erzählte sie, schon von klein auf. Das war wahrscheinlich auch der Grund, weshalb sie immer so warm angezogen war. Wenn vor Hitze schon die Spatzen vom Dach fielen, kam sie mitunter noch im Rollkragenpullover daher. Damit wurde sie manchmal auch aufgezogen.“

„Ja, jetzt, wo Sie es sagen ...“, bemerkte der Lehrer nachdenklich. „Kam sie in der Klasse denn mit?“, fragte er weiter.

„Nur schwer, obwohl ich den Eindruck hatte, dass sie sich alle Mühe gab. Aber sie fragte zum Beispiel nie etwas, und weil sie so unauffällig war, musste man achtgeben, dass man sie nicht übersah.“

„Ich verstehe, was Sie meinen. Hatte sie Freunde oder Freundinnen?“

„Nein ... nein, ich glaube nicht, wenigstens keine richtige Herzensfreundin, wie man das in diesem Alter oft sieht. Sie stand überall ein bisschen abseits. Ich fand sie eigentlich bedauernswert, obwohl sie nie bedauernswert tat; das nicht. Erst recht nicht, als sie einmal von einem Haufen Jungs verprügelt worden war. Voller blauer Flecken ist sie gewesen, aber das ertrug sie mit einem wahren Stoizismus.“

Stoizismus *hier: Gelassenheit, Gleichmut*

Der Lehrer runzelte die Stirn. Er dachte an die blauen Flecken auf ihrem Arm. Die hatte sie doch nicht etwa ...

„Und wie geht es ihr jetzt?“

„So lala. Ziemlich oft krank, wie ich schon sagte. Aber zum Glück gibt es einen Jungen in der Klasse, mit dem sie viel zusammen ist.“

„Demnach geht es ihr also einigermaßen gut. Was ist eigentlich der Grund für Ihren Anruf?“

„Ich weiß es selbst nicht.“ In der Stimme des Lehrer lagen deutliche Zweifel. „Vielleicht, weil sie gerade so auffällig unauffällig sein will. Das finde ich etwas sonderbar. Entschuldigen Sie, wenn ich Sie gestört habe.“

„Aber das macht doch nichts“, entgegnete Evelyn de Bruin freundlich. „Ich weiß es zu schätzen, dass Sie für dieses Kind so ein Interesse aufbringen.“

Sie wechselten noch einige Worte miteinander und legten dann auf.

Der Lehrer kratzte sich hinter dem Ohr. „Viel gescheiter bin ich nicht geworden“, sagte er laut. „Aber was hatte ich denn erwartet?“

An ebendiesem Nachmittag erwartete Judith eine Überraschung. Als sie im Kindergarten anrief, bekam sie zu hören, dass ihre Mutter Dennis schon abgeholt hatte.

Rasch fuhr sie nach Hause. Während sie den Schlüssel ins Schloss steckte, wurde im Erdgeschoss von bleicher Hand die Gardine zur Seite geschoben. Judith winkte, und die Hand winkte steif zurück.

Auf der Treppe klangen Judith Stimmen und Gelächter aus dem Wohnzimmer entgegen. Das gab es nicht häufig. Wer wohl zu Besuch gekommen war? Nico jedenfalls nicht: Es war eine Frauenstimme.

Sie zog ihre Jacke aus und betrat zögernd das Zimmer. Das Gespräch stockte, und ihre Mutter rief: „Schau, und das ist Judith. Du wirst sie bestimmt nicht wiedererkennen." Sie legte ihren Arm um Judiths Schulter und schob sie zur Couch. „Das ist Tante Liesbeth aus Kanada. Sie kommt wieder zurück nach Holland."

Judith lächelte der molligen Frau, die in nichts ihrer Mutter glich, verlegen zu.

Tante Liesbeth zog Judith herzlich an sich und rief erstaunt: „Unglaublich! Wie ein Ei dem anderen ..." Sie nahm Judiths Gesicht zwischen ihre Hände und küsste sie auf beide Wangen, dass es schmatzte. Sogar ihre Küsse klangen mollig. „Wie ein Ei dem anderen", wiederholte sie, während sie Judith neben sich auf die Couch zog, „du gleichst vielleicht ..."

Die Miene ihrer Mutter verdüsterte sich. „Willst du noch Tee?", unterbrach sie Tante Liesbeth.

„Ja, gern."

Judiths Mutter erhob sich und ging in die Küche, Dennis lief hinter ihr her. Wasser rauschte, ein Kessel wurde gefüllt.

„Das letzte Mal, als ich dich sah, warst du drei", fuhr Tante Liesbeth fort, „ihr habt damals in Schiedam gewohnt. Kannst du dich noch daran erinnern?"

Schiedam *Stadt im Süden der Niederlande*

Judith schüttelte den Kopf.

„Unglaublich", seufzte Tante Liesbeth, während sie Judith anstarrte. „So wie du deinem ...."

Da steckte Judiths Mutter den Kopf durch die Tür. „Ach Judith, geh doch mal nach oben und zieh dir einen anderen Pullover an, ja?" Der gespannte Unterton in ihrer Stimme entging Judith nicht. Gehorsam stand sie auf, und vom Flur aus hörte sie, wie ihre Mutter losplatzte: „Wieso fängst du denn jetzt damit an. Du bist kaum hier und schon ..."

„Es stimmt doch, das Kind sieht haargenau aus …“

„Meinst du etwa, mir gefällt das?“, klang es schrill.

Judith blieb stehen und spitzte die Ohren.

„Bedrückt dich das denn immer noch so? Nach all den Jahren?“, fragte Tante Liesbeth leise. „Du konntest doch nichts dafür? Niemand hat etwas dafür gekonnt.“

„Als ob ich das nicht wüsste! Aber Mutter hat es mir immer verübelt, und wie! Das hast du selbst erlebt. Für dich war das kein Problem, aber ich … ich …“ Judiths Mutter fing an zu stottern. „Bis zu ihrem Tod hat sie mich ignoriert. Ich existierte einfach nicht mehr für sie, was ich auch versucht habe. Du bist die Einzige gewesen, die auf meiner Seite war, die Einzige, die hinter mir stand.“

ignorieren *nicht beachten, vernachlässigen*

existieren *da sein, am Leben sein*

„Außer, was deine Ehe anging. Davor habe ich dich gewarnt. Aber du wolltest nicht hören. Du hast den Mann bloß geheiratet, um Mutter auf die Palme zu jagen.“

„Und nicht einmal das hat funktioniert!“, rief ihre Mutter bitter.

Judith schlich leise nach oben. Wem sah sie ähnlich? Ihrer Oma vielleicht? Mama redete selten von früher.

„Früher ist tot“, sagte sie immer. Nur über Tante Liesbeth sprach sie mitunter.

Judith öffnete die Tür zu ihrem Schrank. Sie verstand gut, dass das mit dem Pullover ein Vorwand ihrer Mutter gewesen war, um sie aus dem Zimmer zu bekommen. Sie würde den roten anziehen, den Mama vor einiger Zeit für sie gekauft hatte. Das Verrückte war, dass sie den nie anziehen durfte; wahrscheinlich fand Mama ihn zu schön für die Schule. Aber bestimmt würde sie nichts dagegen haben, wenn sie ihn für Tante Liesbeth trug.

Schnell zog Judith ihn über. Sie musste sich beeilen; Mama würde vielleicht ungeduldig werden, wenn sie zu lange fortblieb. Rasch fuhr sie sich noch mit dem Kamm durch die Haare und band sie mit einem Gummi zusammen, wie ihre Mutter es auch oft machte. Danach rannte sie hinunter.

„So gut?“, fragte sie und schaute erwartungsvoll zu ihrer Mutter, die noch immer mit Tante Liesbeth redete. Zwei Gesichter wandten sich in ihre Richtung. Auf Tante Liesbeths rundem Gesicht zeichnete sich Bestürzung ab. Ihre Mutter erstarrte und kam auf sie zu. Judith wich erschrocken zurück und stieß gegen einen Beistelltisch. Eine Teetasse fiel klirrend zu Boden.

„Hinauf mit dir“, zischte ihre Mutter, „und da bleibst du!“

Judith floh aus dem Zimmer. Gerade hatte sie geglaubt, ihrer Mutter eine Freude zu machen, und mit dieser Tasse hatte sie nun wieder alles verdorben.

Mit zitternden Händen las Judiths Mutter die Scherben auf.

„Das Kind kann nichts dafür“, sagte Tante Liesbeth leise.

„Ich auch nicht“, stammelte Judiths Mutter, „ich auch nicht.“ Sie schaute auf die Scherben und bemerkte, dass sie sich geschnitten hatte.

Tante Liesbeth erhob sich schwerfällig, knipste ihre Handtasche auf und holte ein Taschentuch heraus, das sie ihr um den blutenden Finger wickelte.

Sie zog Judiths Mutter neben sich auf die Couch.

„Armes, armes Schwesterchen“, sagte sie voller Mitgefühl.

„Das hast du früher auch immer gesagt“, schluchzte Judiths Mutter leise. Tante Liesbeth schlang ihre Arme um sie und hielt sie fest an sich gedrückt.

„Ich bin vielleicht froh, dass du wieder zurück bist“, seufzte Judiths Mutter nach einer Weile.

„Ich auch“, sagte Tante Liesbeth.

16

An den Schritten hörte Judith, dass Tante Liesbeth die Treppe heraufkam. Gleich darauf ging die Tür auf, und sie betrat schwer atmend das Zimmer.

„Erst etwas verschnaufen, Kleines", keuchte sie und sank neben Judith, die auf dem Bett saß. Die Sprungfedern des Bettes knarrten, und Tante Liesbeth musste lachen.

„Wenn ich mich irgendwo hinsetze, knarrt, quietscht oder seufzt es", sagte sie, „und das eine Mal, als der Stuhl unter mir zusammengebrochen ist, hat es richtig gekracht. Und zwar nicht zu knapp."

Als sie sah, dass Judith auch lachte, legte sie einen Arm um sie und zog sie an sich.

„Wie ungerecht die Dinge doch verteilt sind in der Welt", sagte sie, „deine Mutter hat zwei Kinder und keinen Mann, und ich habe einen Mann und keine Kinder. Ich hätte unheimlich gern eine Tochter wie dich gehabt."

Judith traute ihren Ohren kaum. Tante Liesbeths Worte machten sie froh und verlegen zugleich.

„Deine Mutter erledigt Besorgungen. Nimm dir das mit der Tasse bloß nicht zu Herzen, so was kann jedem passieren. Deine Mutter ist einfach etwas aus dem Gleis durch meine Ankunft, und mir geht es nicht anders. Wir haben uns auch so lange nicht mehr gesehen."

Judith zupfte an ihrem roten Pullover. Eine Frage brannte ihr auf der Zunge, aber sie wagte nicht, sie zu stellen.

„Das letzte Mal, als ich dich sah, bist du ein kleines Mädchen gewesen. Du bist übrigens noch immer klein für dein Alter, finde ich. Und Dennis war noch nicht da."

„Bleibst du lange bei uns?" Judith fragte es so hoffnungsvoll, dass Tante Liesbeth sie erneut an sich drückte.

„Eine Woche. Danach fahre ich zu Verwandten von Onkel

Utrecht *Stadt in den Niederlanden*

Chris in Utrecht. Ich muss eine Wohnung suchen, verstehst du. Onkel Chris kommt in einem Monat, und ich hoffe, dass ich bis dahin etwas gefunden habe."

„Eine ganze Woche? Schön!", strahlte Judith. „Du darfst auch in meinem Bett schlafen, dann schlafe ich auf dem Boden, das finde ich überhaupt nicht schlimm."

„Deine Mutter hat von der Bettcouch unten geredet. Aber zusammen mit dir in deinem Zimmer zu liegen, stelle ich mir gemütlich vor, auch wenn es hier nicht besonders warm ist."

Tante Liesbeth sah sich suchend im Zimmer um. „Hast du hier keine Heizung?"

„Nein."

„Ist das denn nicht kalt im Winter"?"

„Ach, daran gewöhnt man sich", sagte Judith.

Sie hörten, wie unten eine Tür schlug. „Ich glaube, Mama ist wieder da. Kommst du mit nach unten?"

Judith sah sie ängstlich an.

„Aber ich sollte oben bleiben."

„Ich habe gesagt, dass ich zu dir hinaufgehen würde. Du wirst nicht allein hier oben herumsitzen und dich grämen, dazu sehe ich dich viel zu selten. Na los! Mir hochhelfen musst du allerdings!"

Das tat Judith nur allzu gerne.

Selten hatte Judith so einen schönen Nachmittag erlebt. Tante Liesbeth erzählte unaufhörlich von Kanada. Ihre Geschichten waren oft witzig, und am schönsten fand Judith, dass sie selbst auch mitlachte, so als würde sie es noch einmal erleben. Ihr Lachen rollte durchs Zimmer und wirkte dermaßen ansteckend, dass alle mitlachten. Sogar Dennis, der nicht verstand, worum es ging, kreischte.

Nur einmal drohte die Stimmung umzuschlagen, als Tante Liesbeth davon sprach, bei Judith zu schlafen.

„Ich sehe dazu überhaupt keinen Grund", sagte ihre Mutter, „du kannst hier auf die Bettcouch, das ist obendrein wärmer."

„Kälte bin ich aus Kanada gewöhnt", sagte Tante Liesbeth sorglos.

„Es gibt nur ein Bett."

„Ich kann gut auf dem Boden schlafen, Mama", plädierte Judith. „Wir haben doch noch eine Campingmatratze?"

plädieren *argumentieren, für etwas sprechen*

„Ich weiß nicht, ob es dir in Judiths Bett besonders gefallen wird", sagte ihre Mutter zu Tante Liesbeth. „Judith nässt des Öfteren ein."

Judith wurde feuerrot und starrte auf ihren Teller. Sie fühlte die Tränen aufsteigen; am liebsten wäre sie vor Scham hinaufgerannt.

Tante Liesbeth nahm Judiths Hand und drückte sie fest.

„Ich bin froh, dass ich nicht die Einzige bin. Ich habe auch so eine Zeit gehabt. So ungefähr zehn, elf Jahre bin ich gewesen, und fast jede Nacht war es wieder so weit. Bis Vater sich etwas dazu ausdachte. Zuerst musste ich nachts alle zwei Stunden den Wecker klingeln lassen, dann alle drei Stunden, später alle vier Stunden, und so bin ich es losgeworden. Es scheint oft vorzukommen, weißt du. In Toronto habe ich eine Freundin, die drei Kinder hat; zwei davon sind Zwillinge ..."

Toronto *Stadt in Kanada*

Es folgte eine Geschichte über die Zwillinge, die regelmäßig bettnässten, und zwar alle beide. Tante Liesbeth hatte ihnen den Trick mit dem Wecker verraten. Das half, aber der achtjährige Sohn wurde so eifersüchtig, weil seine beiden Schwestern alle paar Stunden aufstehen und manchmal sogar noch ein Weilchen lesen durften, wenn sie nicht sofort wieder einschlafen konnten, dass er eines Morgens stolzerfüllt ankam und erzählte, es sei ihm gelungen, ins Bett zu machen, und jetzt dürfe er auch nachts aufstehen und lesen.

Wieder lachte Tante Liesbeth ihr gurgelndes Lachen.

„Aber du wirst oben kein Auge zutun, wenn alle zwei Stunden der Wecker geht“, versuchte Judiths Mutter noch einzuwenden.

„Ich schlafe über alles hinweg“, versicherte Tante Liesbeth ihr und drückte noch einmal fest Judiths Hand.

Nach dem Essen brachten Mama und Tante Liesbeth Dennis zu Bett, während Judith rasch den Tisch abdeckte und das Geschirr spülte.

„Du hast vielleicht eine praktische Tochter“, rief Tante Liesbeth, als sie nach einer Weile in die Küche kam, „der Abwasch ist schon gemacht!“

Ihre Mutter bemerkte nichts dazu; auch den weiteren Abend über sagte sie nichts Unangenehmes.

Judith setzte sich an den Tisch, um ihre Schularbeiten zu machen, während Mama und Tante Liesbeth sich endlos erzählten.

„Stören wir dich nicht, Liebes?“, fragte Tante Liesbeth ab und zu.

Judith schüttelte heftig den Kopf. Stören, stell dir vor, stören ...

„Judith ... Judith ...“

Tante Liesbeths Flüsterstimme machte sie wach. Schlaftrunken kam sie hoch.

„Rasch heraus mit dir“, sagte Tante Liesbeth leise. Judith wusste sofort, was gemeint war. Sie stand auf und ging zur Toilette. Als sie wieder hinaufkam, lag Tante Liesbeth schon im Bett; das Leselämpchen brannte noch.

„Ich habe den Wecker unter dein Kissen gelegt“, sagte sie, „in zwei Stunden legt er wieder los.“

Judith schob die Campingmatratze etwas näher zum Bett und kroch in den Schlafsack.

„Ich freue mich so, dass du hier bist“, seufzte sie.

„Ich auch“, gab Tante Liesbeth zu, „und sobald ich eine Wohnung gefunden habe, kommst du zu mir zu Besuch.“

Sie knipste die Lampe aus, und im Dunkel hörte Judith das Bett knarren. „Tante Liesbeth?“

„Mmmh ...“

„Darf ich dich etwas fragen?“

Wieder knarrte das Bett.

„Wem sehe ich ähnlich?“

Es blieb eine Weile still.

„Ich wusste, dass du diese Frage stellen würdest. Du hast Ähnlichkeit mit Dicky.“

„Mamas Bruder?“

„Und meiner auch“, sagte Tante Liesbeth.

„Der ist doch ganz jung gestorben?“

„Ja, mit neun Jahren. Er ist auf dem Eis eingebrochen. Hat Mama dir das nie erzählt?“

„Nein ... oder doch, ich weiß es nicht mehr so genau. Vielleicht habe ich etwas davon aufgeschnappt, als sie es Onkel Ben erzählt hat.“

„Ist das der Vater von Dennis?“

„Ja.“

„Siehst du ihn manchmal noch?“

„Nur wenn er Dennis holen kommt, aber das passiert nicht so oft. Konnte Mama Dick nicht leiden?“ Die Frage war heraus, ehe sie wusste wie.

„Weshalb fragst du das?“

„Einfach so.“ Judith war froh, dass es dunkel war.

„Nein, Dick war ein lieber Junge, alle waren verrückt nach

ihm, besonders unsere Mutter. Sie ist nie darüber hinweggekommen; es hat sie sehr verändert."

„Wieso verändert?"

„In jedem Fall gegenüber deiner Mutter. Die beiden vertrugen sich überhaupt nicht. Immerzu haben sie sich in den Haaren gelegen. Unsere Mutter war nicht einfach, das muss ich zugeben, aber deine Mutter ebenso wenig ... Eigentlich waren sie sich sehr ähnlich, die zwei; beide waren stur und dickköpfig, und das führte zu Zusammenstößen. Vater hat zwar manchmal noch versucht, sie zu besänftigen, aber als er nicht mehr da war, gab es nichts mehr, was sie zurückgehalten hätte. Es war manchmal wirklich nicht sehr schön, zwischen beiden zu stehen. Ich hatte keine Schwierigkeiten mit Mutter, und Dick erst recht nicht; er ist ihr Augapfel gewesen und sie hat ihn ganz offen bevorzugt, zur Wut deiner Mutter."

Augapfel *Liebling (Redensart)*

Tante Liesbeth drehte sich um; die Federn jammerten.

„Diese Bevorzugung ließ deine Mutter sich einfach nicht gefallen. Sie fühlte sich zurückgesetzt und verlangte von ihrer Mutter genauso viel Aufmerksamkeit wie für den kleinen Bruder, oder noch mehr, und die bekam sie nur, wenn sie Streit anfing, denn dann beschäftigte ihre Mutter sich tatsächlich mit ihr – wenn auch in der falschen Weise."

Sie seufzte. „Die Streitereien, diese Streitereien ... wie sehr habe ich sie gehasst, und häufig ist Mutter die Hand ausgerutscht. Mich oder Dick hätte sie nicht angefasst, aber deine Mutter machte sie rasend. Und was meinst du, was deine Mutter tat? Sie schlug genauso feste zurück, da fürchtete sie nichts und niemanden. Und das brachte ihr natürlich wieder Strafe ein; seine Mutter schlagen durfte man ja nicht. Stundenlang musste sie dann in ihrem Zimmer bleiben, oder sie musste ohne Essen ins Bett. Ich habe dann meistens etwas nach oben geschmuggelt, weil sie mir leidtat. Und dann kam dieser Tag im Winter ..."

Tante Liesbeth seufzte.

„Es hatte ein paar Tage tüchtig gefroren, und Dick wollte Schlittschuh laufen. Mutter war erkältet, sonst wäre bestimmt sie mit ihm zum Weiher gegangen. Jetzt musste deine Mutter das tun, obwohl sie eigentlich zu einer Freundin wollte. Ich war an dem Tag nicht zu Hause, doch ich kann mir vorstellen, wie das gegangen ist. Erst hat es natürlich Streit und Geschrei und Drohungen gegeben; Dick wird mit den Schlittschuhen in der Hand gelassen dagestanden und gewartet haben. Zuletzt sind sie losgelaufen. ‚Seid vorsichtig', hat Mutter noch gewarnt. ‚Nein', hat deine Mutter wutschnaubend zurückgerufen. Erst ist sie bei der Freundin vorbeigegangen, um zu sagen, dass Dicky auf dem Weiher Schlittschuh laufen wollte. ‚Dann gehe ich auch mit', meinte die Freundin, und der Nachmittag schien gerettet. Sie hatten viel Spaß auf dem Weiher, alle drei. Dicky konnte gut Schlittschuh laufen und war stolz darauf. Sie beschlossen, um die Wette zu laufen, und Dicky lag ein Stück vorn, aber er landete plötzlich an einer nicht zugefrorenen Stelle und verschwand unter dem Eis ... Deine Mutter hat alles Mögliche versucht; sie hat gebrüllt und um Hilfe geschrien, aber als die kam, war es schon zu spät. Ich brauche dir natürlich nicht zu erzählen, was für ein Schock das für sie gewesen ist, für uns alle übrigens ..."

Es blieb einen Augenblick still.

„Wie ich schon sagte, unsere Mutter ist nie darüber hinweggekommen, und das Schlimmste war, dass sie deine Mutter für Dickys Tod verantwortlich machte. Deine Mutter, schon niedergedrückt von schrecklichen Selbstvorwürfen, hielt das nicht aus. Die Lage verschlechterte sich, obwohl es keine Streitereien mehr gab. Mutter schalt und

Weiher *kleiner See*

schrie nicht mehr, sie hatte eine viel schlimmere Waffe; sie ignorierte deine Mutter und tat, als gäbe es sie nicht mehr. Erst hat deine Mutter noch alles Mögliche versucht, ihre Gunst wiederzuerlangen; sie hat sich regelrecht auf den Kopf gestellt dafür. Als das nicht gelang, ist sie zum Angriff übergegangen. Eines der Dinge, die sie tat, war, einen jungen Mann zu heiraten, der bei uns in der Straße wohnte; ein Mann, von dem Mutter immer sagte, er sei ein Nichtsnutz.

Sie hat ihn einfach geheiratet, um Mutter zu ärgern. Schon bald hat er sie sitzenlassen, und sie blieb allein mit dir zurück."

Judith hatte so still dagelegen, während sie zuhörte, dass Tante Liesbeth fragte: „Schläfst du?"

„Nein ... nein ..."

„Ich frage mich, ob ich dir das alles hätte erzählen sollen."

„Ich bin froh, dass ich es weiß", sagte Judith leise.

„Als du heute Nachmittag nach unten gekommen bist mit dem zusammengebundenen Haar und in diesem roten Pullover ... da hast du Dicky dermaßen ähnlich gesehen, dass ich mich geradezu erschrocken habe. Er hatte auch so schönes, blondes Haar, und an jenem letzten Nachmittag auf dem Eis hat er einen roten Pullover getragen. Rot stand ihm so gut."

Ein Schock durchfuhr Judith. Diesen roten Pullover hatte sie von Mama bekommen, aber sie durfte ihn nie anziehen. Jetzt verstand sie auch, weshalb.

„Ist es ... Ist es jemals wieder gut geworden zwischen Mama und ihrer Mutter?"

„Nein ... nie. Unsere Mutter starb, als du ungefähr zwei Jahre alt warst. Deine Mutter ist nicht einmal mit zur Beerdigung gewesen. Dass Menschen so weit gehen können, habe ich nie begriffen; weder was meine Mutter noch was deine angeht. Aber ich sagte ja schon, dass die beiden sich ähnlich waren, charakterlich jedenfalls."

Wieder wurde es still.

„Habe ich ... habe ich sonst auch Ähnlichkeit mit Dicky?", fragte Judith zögernd.

Das Bett neben ihr knarrte heftig. Judith fühlte Tante Liesbeths weiche Hand auf ihrer Wange.

„Dicky war ein liebes, sensibles Kerlchen. Man musste ihn einfach lieb haben. Darin gleichst du ihm, aber du bist nicht Dicky. Du bist Judith, vergiss das nie."

Judith ergriff Tante Liesbeths Hand und hielt sie eine Zeit lang fest.

„Wir müssen jetzt schlafen", flüsterte Tante Liesbeth, „sonst schläfst du morgen in der Schule."

„Ja", flüsterte Judith zurück. Sie drehte sich um, aber es dauerte noch eine Weile, ehe sie einschlief.

17

Fröhlich radelte Judith zur Schule. Sie holte tief Atem; Frühling hing in der Luft, der Himmel sah durchscheinend blau aus, und die Knospen an den Bäumen begannen schon zu treiben. Als sie vor der Schule ankam, sah sie Diana am Zaun, umringt von einer Gruppe Kinder. Der gewichtige Klang ihrer Stimme verriet Judith, dass etwas Besonders los sein musste.

„Der Lehrer kommt heute früh nicht zur Schule", erzählte Robert, „sein Vater liegt nämlich im Krankenhaus."

„Heißt das, wir bekommen schulfrei?"

„Wissen wir noch nicht."

Als sie durch den Flur polterten, suchte Judith nach Michiel. Er war auch nicht da.

Herr Dijkstra, der Direktor, erwartete sie an der Tür zum Klassenzimmer.
„Ich springe für euren Lehrer ein, er kommt etwas später", sagte er.
Der Morgen verlief ruhig, und als der Lehrer gegen Mittag ins Klassenzimmer trat, schauten alle gespannt auf sein Gesicht. Der Lehrer sah müde, aber erleichtert aus.
„Was für eine Nacht", seufzte er, „aber alles ist zum Glück gut gegangen. Mein Vater hat die Herzoperation gut überstanden."
Alle wollten Näheres wissen, und der Lehrer zeichnete sogar ein Herz auf die Tafel und erklärte genau, was geschehen war. Die Klasse war beeindruckt.
„Haben Sie heute Nacht überhaupt nicht geschlafen?", fragte Karel.
„Ich habe kein Auge zugetan", gestand der Lehrer.
„Unseretwegen dürfen Sie ruhig ein Nickerchen machen", rief Robert, „wir halten schon Ruhe!"
Der Lehrer lachte. „Um die Wahrheit zu sagen: Ich bin nicht gerade in der Stimmung, Unterricht zu geben. Nehmt euch etwas zu lesen vor, dann hole ich mir eine Tasse Kaffee, damit ich wach bleibe."

Ungeduldig sehnte Michiel Judiths Ankunft herbei. Wie lang die Zeit wurde, wenn man auf jemanden wartete! Immer wieder warf er einen Blick auf die Uhr.
„Na endlich", sagte er, als Judith in sein Zimmer trat.
„Ich habe wie eine Blöde gestrampelt", erwiderte sie, immer noch keuchend, „alle Ampeln standen auf Rot." Sie zog ihre Jacke aus, warf sie auf sein Bett und ließ sich auf einen Stuhl fallen.
Michiel musste lachen. Das war so gar nicht Judith.
„Was ist los mit dir?", erkundigte er sich.

„Meine Tante ist da“, erzählte Judith, „sie hat in Kanada gewohnt, aber jetzt kommt sie wieder nach Holland. Sie bleibt eine Woche bei uns zu Besuch.“

Es war das erste Mal, dass er sie über ihre Verwandtschaft sprechen hörte.

„Und heute früh in der Schule war der Lehrer nicht da“, fuhr sie fort, „der ist erst viel später gekommen, sein Vater wurde nämlich am Herzen operiert.“

Judith plapperte in einem fort; über Montreal, wo ihre Tante und Onkel Chris wohnten; Onkel Chris, an den sie sich nicht mehr genau erinnerte; sie wüsste nur noch, dass er große Füße gehabt habe. Und Tante Liesbeth sei sehr dick, aber sehr nett, und sie suche eine Wohnung in Utrecht, und dann dürfe sie sie besuchen, habe sie versprochen. Sie schnatterte ununterbrochen weiter und bemerkte nicht einmal, dass Michiel sehr still war.

Montreal *Stadt in Kanada*

„Und wie geht es dir?“, erkundigte sie sich endlich. „Noch Fieber?“

„Fast nicht“, antwortete er spröde, „aber zur Schule durfte ich noch nicht. Ganz schön kindisch.“ Danach schwieg er.

Judith fing an, ihre Butterbrote zu essen. Als Michiel noch immer nichts sagte, fragte sie: „Ist was?“

Er zuckte mit den Schultern und starrte weiter vor sich hin.

„Also ja“, bemerkte Judith mit vollem Mund.

„Man könnte meinen, es gefällt dir, dass ich nicht in der Schule bin.“

„Wie kommst du denn darauf?“, fragte Judith verwundert.

„Sonst bist du nie so redselig.“

„Das kommt durch Tante Liesbeth, glaube ich“, sagte Judith. „Sie ist wirklich die netteste Tante, die ich kenne. Genauso eine wie deine Tante.“

Michiel schwieg und schmollte noch immer.
„Aber sonst ist es ganz langweilig in der Schule, ohne dich."
„Wirklich?" Michiel sah auf einmal verlegen aus.
„Ja." Judith nickte und wurde rot. Sie stand auf und ging zu dem Schrank mit dem Koalabären.
„Ich finde es auch langweilig ohne dich", bekannte er, „du bist nämlich das netteste Mädchen, das ich kenne."
Er sah, wie sie vorsichtig den Bären vom Schrank nahm. Still blieb sie damit stehen, den Rücken ihm zugewandt.
„Das findest du bloß, weil ich Steffie ähnlich sehe." Judith verharrte noch immer in der gleichen Haltung.
„Das war zu Anfang, als ich dich noch nicht gut kannte. Aber du bist nicht Steffie, du bist Judith."
Judith drehte sich langsam um. Ein eigenartiger Blick lag in ihren Augen.
„Ja, ich bin Judith", wiederholte sie langsam, so als höre sie ihren Namen zum ersten Mal. „Judith."
Danach setzte sie den Koalabären auf seinen Platz zurück.

Die Woche, die folgte, verstrich viel zu rasch. Judith hätte die Tage am liebsten festgehalten. Tante Liesbeth brachte eine Frühlingsatmosphäre ins Haus, die sogar ihre Mutter veränderte. Judith hatte sie noch nie so fröhlich erlebt.
Eines Nachmittags wartete Tante Liesbeth am Schulzaun auf sie.
Der Lehrer sah, wie Judith zu ihr hinrannte und sie umarmte. War das ihre Mutter? Er war unschlüssig, ob er zu ihr gehen sollte, um sich mit ihr zu verabreden. Zu spät ... Sie gingen schon fort, und er sah gerade noch, dass Michiel auch mitging.

Durch die Operation seines Vaters war Judith in den Hintergrund geraten. Trotzdem war es ihm nicht entgangen, dass sie in den letzten Tagen besser ausgesehen hatte.

„Kommt, wir gehen und trinken etwas", sagte Tante Liesbeth. „Ihr müsst sagen wo, ich kenne mich hier nämlich noch nicht so gut aus."

„Und was ist mit Dennis? Ich muss Dennis abholen."

„Ist alles geregelt", beruhigte sie Tante Liesbeth.

„Ich kenne ein Café", sagte Michiel. Er betrachtete Judiths Tante und konnte sich gut vorstellen, dass Judith sie nett fand.

Zu dritt ließen sie sich an einem Tisch nieder.

„Bestellt, was ihr am liebsten mögt", sagte Tante Liesbeth, „das tue ich auch."

Nicht lange darauf saßen Judith und Michiel hinter einem Eissorbet. Lächelnd ließ sich Tante Liesbeth von Michiel von seinem Schwimmtraining erzählen.

Eissorbet *halbgefrorene Eisspeise*

„Ich muss gleich wieder los", sagte er, „sonst kriege ich von meinem Trainer eins aufs Dach. Wenn man zu spät kommt, kriegt der sich gar nicht mehr ein."

Sie erfuhr auch, dass Michiel nach der Schule Judith immer ein Stück auf dem Rad begleitete, weil sie einmal von einer Bande Jungs angegriffen worden sei.

„Weiß Mama davon?", fragte Tante Liesbeth. Sie sah, wie Judith unbehaglich auf ihrem Stuhl herumrutschte.

„Klar!", rief Michiel. „Sie war ja voller blauer Flecken, auch im Gesicht. Aber zum Glück haben wir diese Typen danach nicht mehr gesehen, nicht wahr, Judith", schloss er, „und sie sollen auch nicht versuchen, sie noch einmal zu verprügeln. Dann bekommen sie es mit mir zu tun!"

Streitlustig wischte sich Michiel mit dem Handrücken den Mund ab.

Nicht lange darauf erhob er sich. „Vielen Dank“, kiekste er und bewegte Tante Liesbeths Hand auf und ab.
„Ich hoffe, ich sehe dich noch einmal, Michiel“, sagte Tante Liesbeth.
„Ich auch. Bis morgen, Judith.“
Er ging hinaus, und durchs Fenster sahen sie, wie er auf sein Rad sprang, winkte und davonsprintete.
„Netter Junge“, bemerkte Tante Liesbeth. „Ist er dein Freund?“
Judith nickte. Sie spielte mit dem Trinkhalm aus dem Eissorbet.
„Du erzählst Mama doch nichts davon, oder?“
„Von Michiel? Dass er dein Freund ist?“
Wieder nickte Judith. Ein Schatten fiel auf einmal über den Nachmittag.
„Weiß sie das denn nicht?“
„Nein.“
„Kommt er denn nie zu dir nach Hause?“
„Er ist zwar einmal da gewesen, aber Mama will das nicht, weil sie Angst hat, ich würde dann nicht gut auf Dennis aufpassen.“
„Und gehst du manchmal mit zu ihm?“, fragte Tante Liesbeth weiter.
Sie bemerkte, dass Judith sichtlich zögerte. Als noch immer keine Antwort kam, sagte sie: „Du kannst mir wirklich vertrauen, Liebes. Ich erzähle nichts weiter, wenn du das nicht willst.“
Judith sah sie erleichtert an.
„Über Mittag gehe ich immer mit zu Michiel. Es ist da so schön. Er wohnt bei Onkel und Tante, er hat nämlich keine Mutter mehr, und sein Vater wohnt in Amerika, und ...“
Tante Liesbeth hörte zu, stellte bisweilen eine Frage, und ihre Verwunderung wuchs. Weshalb verschwieg Judith das alles ihrer Mutter?

„Es scheint mir da sehr gemütlich zuzugehen“, sagte sie, „ich kann verstehen, dass du gerne dort bist.“

Judith nickte begeistert.

„Wie hast du Michiel kennengelernt?“

„Er ist in meiner Klasse. Einmal ist mein Reifen platt gewesen, und da ...“ Judith stürzte sich erneut ins Erzählen. Manchmal stolperte sie über ihre Worte.

„Er hat gesagt, ich sehe ähnlich aus wie Steffie; Steffie, das Nachbarmädchen aus Amerika, von der er den Koalabären bekommen hat, es ist ihr Lieblingsbär gewesen. Deshalb fand er mich nett, weil ich Steffie ähnlich sah. Aber jetzt findet er mich nett, weil ich Judith bin, einfach Judith.“ Sie schwieg abrupt, so als sei dies ein unbeabsichtigt herausgerutschtes Bekenntnis.

abrupt *ganz plötzlich*

Tante Liesbeth nahm ihre Hände. „Ich finde dich auch lieb, weil du einfach Judith bist.“

Judith wusste zunächst nicht, wohin sie sehen sollte.

„Ach, Tante Liesbeth, ich wollte, du bliebest für immer bei uns“, seufzte sie.

„Ich glaube, dagegen hätte Onkel Chris etwas einzuwenden“, meinte Tante Liesbeth und lächelte, „aber ich hoffe, dass du oft zu uns zu Besuch kommst. Natürlich muss ich zunächst einmal eine Wohnung finden. Die habe ich noch immer nicht.“

Tante Liesbeth bezahlte die Rechnung, und zusammen traten sie ins Freie.

18

Die Leere, die nach Tante Liesbeths Abreise zurückblieb, war groß. Hauptsächlich abends, aber auch nachts vermisste Judith sie sehr. Manchmal war Tante Liesbeth von dem Wecker, der sie an den Gang zur Toilette erinnerte, mit aufgewacht. Dann hatten sie ein Weilchen vertraulich im Dunkeln geflüstert; oft hatte sie ihr auch Mut gemacht, seit der Ankunft von Tante Liesbeth war ihr Bett nicht einmal mehr nass gewesen.

Jetzt waren die Nächte wieder einsam. Wenn Judith sich die Treppe hinuntertastete und danach wieder ihr Dachzimmer aufsuchte, sehnte sie sich sehr nach dem vertrauten Knarren ihres Bettes. Manchmal bildete sie sich ein, ihre Tante atmen zu hören, aber dann war es nur der Wind draußen.

Ihre Mutter war reizbar; die Linien um ihren Mund wurden schärfer. Lag das an Tante Liesbeths Abreise oder an Nico, der sich nicht mehr an ihre Verabredungen hielt? Er sagte immer öfter ab, und dann musste Judith besonders aufpassen. Sie versuchte, sich so unauffällig wie möglich zu verhalten, aber auch das weckte den Ärger ihrer Mutter. „Schleich doch nicht so durchs Haus, diese Heimlichtuerei geht mir auf die Nerven“, schalt sie. Sie versuchte auch, Judith über Tante Liesbeth auszuhorchen.

„Du hast sicher geglaubt, mir wäre nicht aufgefallen, wie sehr ihr beiden die Köpfe zusammengesteckt habt. Bestimmt hast du sonst was ausgeplaudert.“

„Nein, Mama, wirklich nicht.“

„Und worüber habt ihr geredet?“

„Na, über die Schule, und ...“, fast hätte sie Michiel gesagt, noch gerade rechtzeitig schluckte sie seinen Namen herunter. „Und den Lehrer“, setzte sie rasch hinzu, „sein Vater liegt noch immer im Krankenhaus. Und Tante Liesbeth hat oft von Kanada erzählt.“

„Hat sie nie von früher gesprochen?“

Judith zögerte. „Manchmal.“

„Was meinst du mit manchmal?“

„Na, dann hat sie davon erzählt, wie sie noch klein war“, stotterte Judith.

Der Blick ihrer Mutter wurde misstrauisch.

„Hat sie von Dicky gesprochen?“

„Ja, dass er auf dem Eis eingebrochen ist, aber das wusste ich schon.“

„Und was sonst noch?“

„Dass ich ihm ähnlich sehen würde.“ Eine gespannte Stille trat ein, sie wagte ihre Mutter nicht anzusehen.

„Ist das alles?“

„Ja.“

„Und das soll ich dir glauben“, bemerkte ihre Mutter verächtlich, doch fragte sie zum Glück nicht weiter.

Einige Tage später wurde Judith von lauten Stimmen wach. Sie schrak hoch und lauschte mit pochendem Herzen.

Ihre Zimmertür ließ sie immer halb offen, damit sie keinen Lärm machte, wenn sie nachts nach unten ging, und so konnte sie Wort für Wort verfolgen, was gesagt wurde.

Ihre Mutter stritt sich mit Nico.

„Gib das Geld zurück“, schrie sie, „du hast mich wochenlang bestohlen!“

„Mensch, sei nicht so hysterisch, du bist so misstrauisch wie sonst wer, du verdächtigst immer jeden.“

hysterisch *übertrieben aufgeregt*

„Ich verdächtige nicht jeden, ich verdächtige bloß dich. Du hast mir Geld geklaut. Judith hat selber gesehen, wie du in meine Tasche gefasst hast.“

„Meinst du deine Tochter, für die du sonst kein gutes Wort übrighast? Dass ich nicht lache ...“, höhnte Nico. „Die hat es wahrscheinlich selber beiseitegeschafft.“

„Zeig mir doch einmal, was du in deinem Portemonnaie hast?“

„Wieso sollte ich?“, erklang es herausfordernd.

„Weil mir, seit ich dich kenne, zum vierten Mal Geld aus meiner Tasche fehlt. Das erste Mal waren es hundert Gulden, dann fünfzig, letzte Woche fünfundzwanzig und heute Abend wieder fünfzig.“

Die Stimme ihrer Mutter klang schrill vor Zorn. „Als ich nach Hause kam, waren hundertfünfzig Gulden in meiner Tasche. Das habe ich kontrolliert. Jetzt sind nur noch hundert darin. Es gibt nur eine Person, die das getan haben kann, und das bist du. Los, auf den Tisch damit!“

Nico lachte höhnisch. „Fünfzigguldenscheine kann ich dir genug zeigen, hier hast du sie. Es sind drei. Wie willst du beweisen, dass einer davon deiner ist? Demnächst behauptest du noch, ich hätte sie alle drei geklaut!“

Für ganz kurze Zeit war es still. Gespannt wartete Judith ab, was folgen würde.

„Dieser hier ist es“, schrie ihre Mutter triumphierend. „Ich habe meinen Namen darauf geschrieben, siehst du? Hier steht er! Und den Rest behalte ich auch gleich, dann bist du immer noch gut weggekommen.“

„Gib das Geld zurück, verdammt“, schrie Nico jetzt wütend.

„Niemals!“

Judith hörte Gepolter und Keuchen. Rangen sie miteinander? Dennis fing an zu weinen. Danach laute Schritte die Treppe hinunter; die Haustür, die zuknallte.

Judith dröhnte der Kopf. Dennis weinte lauter, und ihre Mutter versuchte, ihn zu trösten. Das Flurlicht brannte noch immer; ein breiter, weißgelber Lichtstreif fiel in ihr Zimmer.

Sie dachte einige Wochen zurück, als ihre Mutter sie beschuldigt hatte, Geld gestohlen zu haben, und wie rasend sie geworden war, als sie gesagt hatte, Nico sei es gewesen. Ihre Mutter hatte ihr nicht glauben wollen.

Dennis hörte auf zu weinen. Das Licht im Flur wurde ausgeknipst. Ins Haus kehrte wieder Stille ein.

Am nächsten Morgen wurde der Streit mit Nico mit keinem Wort erwähnt. Die Miene ihrer Mutter war angespannt, sie hatte geschwollene Augen. Judith machte sich so klein, wie sie nur konnte, und gehorchte ihren Befehlen blindlings. Wenn sie jetzt eine falsche Bewegung machte, würde ein Ausbruch folgen; das wusste sie.

Als sie endlich draußen stand, atmete sie erleichtert auf. Sie brachte Dennis rasch zum Kindergarten und radelte dann zur Schule.

Als sie mittags mit zu Michiel nach Hause ging, fragte er: „Du errätst nie, wer gestern Abend angerufen hat."

„Wer denn?"

„Mein Vater."

„Hat er aus Amerika angerufen?"

„Nein, er ist noch in Frankfurt."

„Und was wollte er?"

„Einfach wissen, wie es mir geht. Ich habe ihm erzählt, dass ich ein paar Tage krank gewesen bin, und da hat er gefragt, ob ich es schön fände, wenn er auf dem Rückweg nach Amerika noch einmal vorbeikommt."

„Und was hast du gesagt?"

Michiel starrte vor sich hin.

„Ich hab ja gesagt. Blöd, was?"

„Wieso blöd?"

„Weil ich Angst habe, dass es genauso sein wird wie früher. Überhaupt nicht schön also“, erklang es kurz.
„Aber das letzte Mal ...“
„Weiß ich, und trotzdem ...“
„Wieso hast du dann nicht nein gesagt?“
Michiel zuckte mit den Schultern. „Wenn ich das bloß wüsste“, seufzte er. „Vielleicht traue ich mich das noch immer nicht.“
„Oder du hast gehofft, dass es wieder so wird wie beim letzten Mal.“
Überrascht sah Michiel sie an. „Eigentlich ja“, bekannte er. „Aber jetzt sehe ich dem Besuch wieder mit Schrecken entgegen. Ich bekomme schon Bauchweh, wenn ich bloß daran denke.“
„Wahrscheinlich wird es gar nicht so schlimm.“ Judith fand selbst, dass es unecht klang. Sie konnte sich sehr gut vorstellen, wie Michiel sich fühlen musste.
„Du hast leicht reden“, sagte Michiel, „du hast keinen Vater.“
Leicht reden, dachte Judith. Wenn Michiel wüsste!

Als Judith an diesem Abend über ihren Schularbeiten saß, klingelte das Telefon. Ihre Mutter nahm den Hörer auf.
„Wer, sagen Sie?“, fragte sie. „Ach, Judiths Lehrer ... ?“
Judith hörte gespannt hin, aber viel schlauer wurde sie daraus nicht. Was wollte der Lehrer? Sie wagte ihre Mutter nicht anzusehen, konnte aus ihrem unfreundlichen Ton allerdings schließen, dass Gefahr drohte.
„An dem Tag kann ich leider nicht“, sagte ihre Mutter. „Ich arbeite, verstehen Sie. Können wir nicht am Telefon darüber reden?“
Judith schluckte. Ein unsichtbares Band schnürte ihr die Kehle zu. Weshalb wollte der Lehrer wohl mit ihrer Mut-

ter reden? Sie hörte, wie ihre Mutter Ausflüchte ersann. Jetzt verstand sie, der Lehrer wollte einen Termin verabreden, und ihre Mutter versuchte abzulehnen. Erst als das nicht gelang, gab sie nach.

ersinnen *erfinden, sich ausdenken*

„Gut, übermorgen dann ... Nein, morgen ist wirklich unmöglich.“ Ihr Ton blieb noch immer freundlich, doch Judith wusste es besser. Wenn ihre Mutter sich in die Enge getrieben fühlte, musste man ganz besonders aufpassen. Und kaum hatte sie aufgelegt, da platzte sie schon los: „Was hat das zu bedeuten? Wieso will der Lehrer mit mir reden?“

„Ich weiß nicht“, flüsterte Judith.

Ihre Mutter sprang auf, packte Judith bei den Schultern und schüttelte sie grob. „Bestimmt hast du geplaudert, wie, und mich angeschwärzt!“

Judith versuchte vergeblich, den Schlägen auszuweichen.

„Dann werde ich deinem Lehrer auch einmal erzählen, was für ein Früchtchen du bist!“

Alle angestaute Wut der vergangenen Tage brach jetzt über Judiths Rücken, Arme und Beine herein. Ihre Mutter schlug und trat. Wenn sie sie zu Boden warf, zog sie sie anschließend an den Haaren wieder hoch.

„Nicht ins Gesicht, nicht ins Gesicht“, stöhnte Judith.

„Auf dein Zimmer“, keuchte ihre Mutter, „oder ich bringe dich irgendwann noch einmal um!“

Judith stolperte die Treppe hinauf.

Stunden später vernahm Judith leise, müde Schritte auf der Treppe. Totenstill blieb sie liegen. Sie erriet die Silhouette ihrer Mutter in der Türöffnung. Die Schritte näherten sich ihrem Bett. Angstschweiß stach ihr in den Rücken, aber sie musste jetzt so tun, als schliefe sie, sonst ...

Silhouette *Umriss, Schatten*

„Judith“, flüsterte ihre Mutter heiser, „Judith ...“

Sie beugte sich über sie. Judith spürte, wie die Wärme ihres Atems ihre Wange entlangstrich. Ihre Schläfen klopften. Obwohl ihre Mutter sie bisher nie angefasst hatte, wenn sie schlief, erwartete sie jeden Augenblick einen eisernen Griff, der ihr die Kehle zuschnüren würde.
„Judith …“ Es war ein flehentliches Flüstern.
Judith rührte sich nicht und atmete so tief und ruhig sie konnte, was ihr alle Anstrengung abverlangte.
Ihre Mutter richtete sich wieder auf, blieb noch einen Moment stehen und verließ dann das Zimmer. Kaum hörte Judith ihre Schritte auf der Treppe, da fing sie an zu zittern; es war ein unkontrolliertes Zittern, so als stünde sie unter Strom. Sogar ihre Zähne klapperten. Ob sie Fieber hatte? Hitzewellen wechselten sich ab mit Schüttelfrost; der Schlafanzug klebte ihr am Rücken.
Sie hörte, wie ihre Mutter unten das Flurlicht ausknipste. Jetzt würde sie sich wahrscheinlich schlafen legen.
Das Zittern hielt noch eine Weile an. Judith fühlte Stiche im Rücken; auch die Arme und Beine taten ihr weh, und irgendetwas war mit ihrem Fußknöchel. Den hatte sie sich verstaucht, als ihre Mutter sie auf den Boden geworfen hatte, und jedes Mal, wenn sie ihr Bein bewegte, tat der Knöchel weh.
Judith wartete ab, bis alles im Haus ruhig war. Vorsichtig glitt sie aus dem Bett, um zur Toilette zu gehen, aber sie konnte kaum auf einem Fuß stehen. Durch die Dunkelheit stolperte sie treppab, und als sie wieder im Bett lag, starrte sie mit trockenen Augen vor sich hin.
„Ich bin Judith“, flüsterte sie, „ich bin Judith.“ Sie wiederholte ihren Namen unzählige Male, so als müsse sie sich erst noch einprägen, wer sie sei.

19

„Was ist mit deinem Bein?“, fragte der Lehrer, als Judith am nächsten Morgen in die Klasse gehinkt kam.

„Knöchel verstaucht“, murmelte Judith, suchte rasch ihren Platz auf und hoffte, der Lehrer würde nicht weiter fragen.

„Wie ist das passiert?“ wollte Diana wissen.

„Ich bin von einer Mauer gesprungen und verkehrt aufgekommen“, erzählte Judith.

„Wie dumm. Bestimmt kannst du jetzt wieder nicht beim Sport mitmachen.“

„Nein.“

„Und wir haben Handball, das ist besonders schön.“

„Ja, schade“, sagte Judith. Sie war dahintergekommen, dass man Diana einfach in allem zustimmen musste, dann hörte sie meistens schnell wieder auf. Leider war es diesmal nicht so.

„Du hast auch immer irgendwas“, bemerkte Diana. „Einmal Kopfschmerzen und dann wieder Grippe oder etwas anderes. Ich glaube eigentlich, du magst Sport nicht und denkst dir Ausreden aus, um dich davor zu drücken.“

„Diana, wenn du ausgeredet hast, können wir mit dem Unterricht anfangen“, unterbrach sie der Lehrer, und zu Judiths Erleichterung hielt sie tatsächlich den Mund.

Aber als die Sportstunde anfing und alle ins Freie drängten, rief Diana ganz laut: „Judith macht natürlich wieder nicht mit, die hat immer irgendwas.“

Judith tat, als habe sie es nicht gehört, doch sie fühlte, wie ihre Wangen brannten. Als sie allein mit dem Lehrer zurückblieb, fragte er: „Wie ist das mit deinem Knöchel passiert?“

„Ich bin von einer Mauer gesprungen, und da ist mein Fuß umgeknickt“, schwindelte Judith wieder.

„Das wird gemein wehgetan haben. Ist er geschwollen?"
„Ein bisschen."
„Hast du denn einen Verband?"
Judith schüttelte den Kopf.
„Zeig doch mal her", sagte der Lehrer und kam zu ihrem Tisch.
Judith streckte ihr Bein aus.
„Schuh und Socken musst du schon ausziehen", meinte der Lehrer lachend, „ich kann nicht durch sie hindurchsehen."
Er wartete geduldig, bis Judith fertig war, und nahm ihren Fuß. „Dein kleines Pfötchen ist mächtig geschwollen", sagte er besorgt, „kein Wunder, dass du so hinkst. Ich werde einmal meine Nase in den Verbandskasten stecken; vielleicht finde ich eine elastische Binde."
Judith wartete geduldig, bis der Lehrer mit dem Verbandskasten zurückkam. Er setzte sich ihr gegenüber, nahm vorsichtig ihren Fuß und schob ihre Jeans etwas hoch.
„Kind, du bist ja voller blauer Flecken", rief er, während er sich ihr Bein besah.
Judith wurde blass vor Schreck. Damit hatte sie nicht gerechnet.
In der Stille, die folgte, nahm der Lehrer ihr anderes Bein und schob auch dieses Hosenbein hoch. Auch hier blaue Flecken, manche davon schon gelbgrün verfärbt.
„Woher kommt das, Judith?"
Er schaute sie ernst an.
Judith blinzelte nervös. „Es sind … es sind …", flüsterte sie, „es sind diese Jungs."
„Welche Jungs?"
Sie zuckte mit den Schultern.
„Wie viele sind es?"
„Drei. Manchmal vier."
„Und sie verprügeln dich?"

Sie nickte heftig.

Der Lehrer nahm jetzt auch ihren Arm, schob erst ihren einen Ärmel hoch, dann den anderen.

„Allmächtiger", brach es aus ihm hervor. Er stand auf, stellte sich hinter sie und wollte ihren Pullover hochziehen.

„Nein ...", wehrte Judith heftig ab. Einen Augenblick hatte sie ihren Knöchel vergessen und sprang hoch. Dann knickte ihr Bein ein, und sie konnte sich nur noch am Tisch festhalten. Ihre Augen waren weit vor Angst.

„Weiß deine Mutter hiervon?", fragte er besorgt.

Judith nickte zunächst verwirrt; dann schüttelte sie den Kopf.

„Heißt das ja oder nein?"

„Manchmal erzähle ich es ihr", sagte Judith mit zitternden Lippen, „aber manchmal auch nicht, sie regt sich sonst bloß auf."

„Das kann ich mir vorstellen", bemerkte der Lehrer, „aber dass du hinkst, muss deine Mutter doch gemerkt haben?"

„Ich habe gesagt, ich hätte mir den Fuß verstaucht." Es kam im Flüsterton aus ihr hervor.

„Und diese blauen Flecken?"

„Die habe ich ihr nicht gezeigt." Judith starrte unglücklich zu Boden.

„Passiert das öfter?"

Sie zuckte mit den Schultern.

„Na?", drängte der Lehrer.

„Ab und zu."

„Erzähl mir etwas mehr von diesen Jungs. Weißt du, wo sie wohnen?"

„Nein."

„Lauern sie dir auf?"

Judith nickte.

„Und dann?“

„Dann treten sie und schlagen.“

„Einfach so, mitten auf der Straße?“, fragte der Lehrer erstaunt.

„Meistens ist dann niemand da.“

„Und weshalb tun sie das?“

„Weiß ich nicht.“

„Sind es dieselben Jungs, die dich früher auch angegriffen haben?“

„Früher?“ Judith schaute ihn verwirrt an.

„Ich meine, als du noch auf die Margarethenschule gegangen bist. Da wurdest du doch auch belästigt?“

Damit hatte sie überhaupt nicht gerechnet. Woher konnte der Lehrer nur wissen, dass sie auf der Margarethenschule die gleiche Ausrede benutzt hatte?

„Es sind andere“, sagte sie schließlich.

Der Lehrer sah sie forschend an, doch Judith wich seinem Blick aus.

„Hat deine Mutter jemals Anzeige bei der Polizei erstattet?“

„Ja, ich glaube schon“, flüsterte Judith.

„Ich habe deine Mutter gestern Abend angerufen und mit ihr einen Termin verabredet. Ich weiß, dass du dir alle Mühe gibst in der Schule, aber ich finde auch, dass du oft krank bist oder dir irgendwas fehlt. Darüber wollte ich mit ihr reden.“

„Erzählen Sie ihr dann nichts von diesen Jungs?“, flehte Judith.

„Warum nicht?“

„Dann regt Mama sich wieder so auf, sie muss schon so hart arbeiten für mich und meinen Bruder.“ Judith zupfte nervös an ihrem Ärmel.

Der Lehrer schwieg.

„Na, du brauchst nicht gleich so unglücklich dreinzuschauen“, sagte er dann und strich ihr über das Haar. „Komm, ich verbinde dir erst einmal deinen Fuß, aber wir müssen wohl achtgeben, dass er noch in den Schuh passt, sonst kannst du über Mittag nicht mit zu Michiel. – So, versuch einmal zu laufen, mal sehen, ob es geht“, sagte er, als er fertig war.
Judith zwängte sich in ihren Schuh und machte vorsichtig ein paar Schritte.
„Es geht viel besser“, sagte sie mit einem blassen Lächeln, „ich spüre fast gar nichts mehr.“
„Gut so“, sagte der Lehrer, „aber trotzdem darfst du deinen Fuß nur so wenig wie möglich belasten. Bleib einfach in der Klasse und lies etwas oder mach schon einmal deine Schularbeiten. Ich gehe inzwischen Kaffee trinken.“
Sie hörte, wie die Schritte des Lehrers sich langsam im Flur entfernten. Das Stimmengewirr der anderen Klassen erreichte sie nur undeutlich. Auf ihrem Tisch lagen noch ihre Bücher, ihre Hefte und ein Blatt Papier. Ohne sich dessen bewusst zu sein, nahm sie einen Bleistift und fing an, auf das leere Papier zu kritzeln; es entstand ein wirres Knäuel nervöser Linien, das größer und größer wurde.

Abends erzählte der Lehrer den Vorfall seiner Frau.
„Irgendetwas ist mit dem Kind. Ich habe vor einiger Zeit mit der Margarethenschule telefoniert, und da entwarfen sie genau das gleiche Bild: Sie war häufig krank, hatte immer irgendetwas, und oft beteiligte sie sich nicht am Sport. Und auch da lauerten ihr Jungs auf, die sie grün und blau schlugen.“
„In der Tat sonderbar“, fand auch seine Frau.
„Zum Glück habe ich morgen einen Termin mit ihrer Mutter.“
„Sie wird doch nicht misshandelt werden?“, fiel seiner Frau auf einmal ein.

„Misshandelt? Du meinst zu Hause?“
„Ja.“
„Der Gedanke ist mir auch schon durch den Kopf gegangen. Aber das kann ich fast nicht glauben.“ Misshandelt ... Es beschäftigte ihn den ganzen Abend hindurch.

„Wie geht es deinem Knöchel?“, fragte der Lehrer am nächsten Morgen. Er legte ihr die Hand auf die Schulter und bemerkte, wie sie erschrak und scheu wegsah. Sonst wäre ihm das vielleicht entgangen, aber jetzt fand er es verdächtig.
In der Pause fragte er Michiel: „Magst du mir rasch mit ein paar Kartons helfen?“
„No problem“, sagte Michiel.
Zusammen gingen sie zum Lagerraum, und der Lehrer deutete auf ein paar Kartons. „Die müssen in die Klasse.“
„No problem“, sagte Michiel wieder.
„Fährst du nachmittags noch immer mit Judith mit?“, erkundigte sich der Lehrer, als sie wieder im Klassenzimmer waren.
„Ja, außer dienstags, da muss ich nämlich schon um vier Uhr zum Training.“
„Ihr beide kommt, glaube ich, nach wie vor gut miteinander aus?“
„Doch, ja.“ Michiel lächelte ein wenig verlegen. „Judith ist okay.“
„Da hast du recht“, sagte der Lehrer.
„Zum Glück ist sie nie mehr von diesen blöden Typen belästigt worden“, platzte Michiel heraus.
„Welche blöden Typen?“
„Na, vor einiger Zeit ist sie von einer Bande ganz übler Typen verprügelt worden. Als sie gestern so hinkte, hatte ich zuerst Angst, sie hätte wieder Schwierigkeiten gehabt“,

bekannte Michiel, „aber zum Glück hatte sie sich bloß den Fuß verstaucht."

Der Lehrer stapelte die Kartons im Schrank aufeinander. Judith hatte Michiel also verschwiegen, dass sie überfallen worden war! Weshalb wohl?

„Danke, Michiel", sagte er. „Und jetzt rasch hinaus mit dir, sonst verpasst du die ganze Pause."

„Macht nichts." Er zögerte und sagte dann: „Mein Vater ist zurzeit bei uns."

Es war das erste Mal, dass der Lehrer Michiel von seinem Vater sprechen hörte.

„Der lebt doch in Amerika."

„Ja. Er musste nach Frankfurt. Morgen früh fliegt er wieder zurück nach Amerika."

„So", sagte der Lehrer.

„Und vielleicht fahre ich in den Osterferien auch nach Amerika."

„Nur zu", sagte der Lehrer. „Manche Leute haben einfach Glück. Wie lange ist es her, seit du da gewesen bist?"

„Gut drei Jahre."

„Das ist eine lange Zeit."

Michiel nickte. „Es hat mir da nicht so gut gefallen", bekannte er vorsichtig.

„In drei Jahren kann sich eine Menge geändert haben. Du bist jetzt ein Stück älter, und wahrscheinlich erlebst du vieles jetzt ganz anders."

Michiel nickte.

Zusammen gingen sie zur Tür.

„Wenn dein Vater noch einmal kommt, soll er mich doch anrufen. Dann kann ich ihm erzählen, wie stolz ich auf dich bin." Er zog Michiel scherzhaft an den Haaren.

Michiel wurde rot. „Okay", rief er und verschwand schnell nach draußen.

Am Nachmittag bekam der Lehrer einen Anruf von Judiths Mutter, die den Termin absagte.

„Leider ist etwas dazwischengekommen“, teilte sie mit.

„Dann machen wir eben einen neuen Termin. Sagen Sie nur wann.“

„Ich werde Sie anrufen“, sagte Judiths Mutter.

Doch der Lehrer ließ sich nicht abwimmeln.

„Ich würde gerne jetzt ein Datum festlegen. Es gibt etwas, worüber ich dringend mit Ihnen sprechen will.“

Für kurze Zeit war es still.

„Ich kann nicht vor nächster Woche.“

Sie verabredeten erneut einen Termin, doch an diesem Tag tauchte Judiths Mutter nicht auf.

„Es ist mir völlig entfallen“, entschuldigte sie sich, als der Lehrer anrief. „Nein, ich kann Sie jetzt leider nicht empfangen, ich habe Besuch. In der nächsten Woche geht es auch nicht, und dann sind schon Osterferien. Aber nach den Ferien melde ich mich, das verspreche ich Ihnen.“

Ehe er einen neuen Termin vorschlagen konnte, war auf der anderen Seite schon aufgelegt worden.

20

Michiel spürte, wie das Flugzeug langsam die Reisehöhe verließ. Nicht mehr lange, und sie mussten die Sicherheitsgurte anlegen. In einer halben Stunde würde er wieder in Amsterdam-Schiphol sein.
Er starrte aus dem Fenster. Sie flogen noch immer hoch über den Wolken in einem klarblauen Himmel, und weit unter ihm trieben Wölkchen wie auf einem Bilderbuch.

Was für sonderbare Ferien er gehabt hatte!
Ganz plötzlich hatte er sich entschlossen, die Einladung anzunehmen und zu Ostern nach Washington zu fliegen.
Onkel Bob und Tante Elly hatten sich sichtlich gewundert.
„Allein?", hatte Tante Elly gefragt.
„Ja." Es hatte entschieden geklungen.
„Weshalb so plötzlich?"
„Wenn ich zu lange warte, traue ich mich wahrscheinlich nicht mehr", hatte er aufrichtig geantwortet. „Und ich kann immer noch absagen."
Aber das hatte er nicht getan. Er war geflogen.

Washington *Hauptstadt der USA*

Sein Vater hatte ihn vom Flughafen abgeholt.
„Schön, dass du da bist", sagte er, und als sie zum Auto gingen, fragte er: „Macht es dir etwas aus, wenn wir bei Helen wohnen?" Michiel hatte den Kopf geschüttelt, obwohl er sich tief in seinem Herzen davor scheute, ihr wieder zu begegnen.
Während der Autofahrt hatte sein Vater nicht viel gesprochen, doch Michiel bemerkte wohl, dass er ihn ab und zu vorsichtig musterte.
„Es hat fast den Anschein, als wärst du in den paar Wochen wieder gewachsen", hatte er gesagt.

„Gut möglich." Michiel verschwieg, dass sein Vater ihm immer kleiner vorkam; sie unterschieden sich kaum mehr in der Körpergröße.

„Du wirst wahrscheinlich größer als ich."

„Das kann sehr gut sein", antwortete Michiel. Sein Vater lächelte.

Zunächst war es ein Schock gewesen, Helens Haus noch einmal zu sehen. Manche Dinge hatten sich ihm so deutlich eingeprägt, dass es fast schmerzlich war, sie wiederzuerkennen.

Zuallererst Helen: Sie war unverändert, vielleicht etwas wettergegerbter und dazu kleiner als in seiner Erinnerung, aber das lag wahrscheinlich daran, dass er selbst größer geworden war.

Sie schien sich aufrichtig zu freuen, ihn wiederzusehen, legte ihm die Hände auf die Schultern und inspizierte ihn mit ihren grüngrauen Sprenkelaugen.

inspizieren *untersuchen, genau beobachten*

„Michiel ..." Wieder sagte sie nicht Mike, sondern mit einem amerikanischen Zungenschlag Michiel. „Die Jahre haben dir gutgetan. Mein Himmel, du bestehst ja nur aus Muskeln. Dein Vater darf sich ein Beispiel an dir nehmen."

Danach waren sie in die Küche gegangen, die sich ebenfalls überhaupt nicht verändert hatte. Sein Blick ging hinaus zum Garten.

„Ja, er steht immer noch da", sagte Helen, die seinem Blick gefolgt war. „Im letzten Jahr haben wir körbeweise Äpfel gepflückt; die gesamte Nachbarschaft hat davon profitiert."

profitieren *einen Nutzen bzw. Vorteil haben*

Sie machte sich am Herd zu schaffen und kochte Tee mit der gleichen Ungezwungenheit, die ihn damals auch schon so berührt hatte, und sie sprach zu ihm wie zu einem alten

Bekannten. Aber war er das denn nicht auch, auch wenn es nur für sehr kurze Zeit gewesen war? Er hatte sie nie vergessen und sie ihn auch nicht, bekannte sie ein paar Tage später, als sie zusammen in einem Drugstore eine Cola tranken.

„Ich weiß noch, was du anhattest ... Einen blauen Blouson, gute Markenware, genau wie deine Jeans, und du hast entsetzlich verloren ausgesehen."

Blouson *kurze, sportliche Jacke*

Bin ich auch gewesen, dachte Michiel.

„Ich habe häufig an dich gedacht und auch an deinen Vater. Er hat mich nicht einmal wahrgenommen, als er dich abholen kam. Ich glaube, er muss halb verrückt gewesen sein vor Angst in dieser Nacht, aber ich möchte wetten, dass er dich das nie hat spüren lassen. Ich bin selten jemandem begegnet, der seine Gefühle derart verbergen kann wie dein Vater. Zum Glück bessert sich das etwas."

„Er hat sich tatsächlich verändert", gab Michiel vorsichtig zu.

„Der Mann hat ja bloß gearbeitet." Helen schüttelte den Kopf. „Sich zu entspannen, dazu ist er kaum gekommen. Ich zerre ihn jetzt einfach mit ins Theater oder Kino. Und wir können endlos miteinander reden ..."

Helen spielte mit ihrem leeren Glas.

„Dein Vater spricht oft von dir."

Wird wohl nicht viel Besonderes sein, dachte Michiel und starrte vor sich hin.

„Er sagt häufig, dass er hofft, eine zweite Chance zu bekommen."

„Eine zweite Chance?" Michiel runzelte fragend die Stirn.

„Als Vater. Deshalb bin ich froh, dass du gekommen bist."

„Er soll bloß nicht damit rechnen, dass ich wieder nach Amerika ziehe", platzte es aus ihm heraus.

„Tut er auch nicht“, sagte Helen ruhig. „Möchtest du noch etwas trinken?“

„Ja, gern.“

Helen bestellte eine Cola und wechselte über zu einem anderen Thema.

Eines Nachmittags waren sie zu dritt ins Schwimmbad gegangen.

„Du bist ein echter ‚Champ‘“, hatte Helen begeistert ausgerufen, als sie ihn schwimmen sah. Ein Champion …

Michiel hatte gefühlt, wie er wuchs, und sich besonders ins Zeug gelegt, eine gute Zeit zu machen, und es war ihm sogar gelungen! Glühend vor Stolz hatte er sich aus dem Wasser gestemmt und neben Helen gesetzt, und zusammen beobachteten sie seinen Vater, der in seiner Brustlage nur gemächlich vorwärtskam.

„Du erinnerst mich oft sehr an deinen Vater“, bemerkte Helen auf einmal.

„Ich? Ich gleiche ihm in gar nichts.“

„O doch, manchmal bist du genauso fanatisch. Zum Beispiel, wenn es ums Schwimmen geht.“

„Du willst mich doch damit nicht vergleichen?“ Michiel deutete entrüstet auf seinen Vater. „Sieh dir doch bloß diese lahme Brustlage an!“

Helen lachte.

„Ich vergleiche nicht eure Schwimmkünste, sondern die Art, in der ihr etwas angeht. Du schwimmst mit der gleichen Hingabe und Verbissenheit, mit der dein Vater ein Plädoyer hält.“

Plädoyer *Rede eines Rechtsanwalts vor Gericht*

„Das ist etwas ganz anderes.“

„Tatsächlich?“

„Ja, ein Plädoyer will gekonnt sein …“

„Und du?“, brauste Helen auf. „Was du da im Wasser leistest, ist das vielleicht nicht gekonnt?“

„Dazu braucht man kein Gehirn.“

„Dazu braucht man sehr wohl Gehirn“, legte sie los. „Und Durchsetzungsvermögen. Mit Veranlagung und Talent allein erreicht man das nicht. Du kannst es im Schwimmen weit bringen, sehr weit sogar.“

Michiel schwieg. Er fühlte, wie ihm warm wurde.

„Daheim in Holland trainiere ich hart. Ich muss für unseren Schwimmclub antreten.“

„Ja, das hat dein Vater erzählt.“

„Aber in der Schule bringe ich noch immer nicht besonders viel zuwege“, bekannte er mit einem schiefen Grinsen.

„Glaubst du, dass du dieses Jahr versetzt wirst?“

„Das schon, aber nicht mit Einsern und Zweiern.“

„Muss ja auch nicht sein. Dein Vater wird auch nie Schwimmchampion. Der darf schon froh sein, wenn er über Wasser bleibt“, meinte sie lachend, während sie Michiel vom Beckenrand schubste und neben ihm ins Wasser tauchte.

„Legst du bitte den Sicherheitsgurt an? Wir landen.“ Michiel erschrak bei der Stimme der Stewardess und ließ rasch die Gurtschnalle einrasten. Sie flogen jetzt quer durch die Wolken, und ab und zu schaukelte das Flugzeug tüchtig.

Wie viel er zu erzählen haben würde! Vor allem von vorgestern. Sein Vater war mit geheimnisvoller Miene nach Hause gekommen.

„Heute Abend gehen wir aus“, hatte er gesagt.

„Und wohin?“, hatten Helen und er gleichzeitig gefragt.

„Abwarten und Tee trinken.“

„Wird bestimmt was Kulturelles sein. Mach dich auf etwas gefasst, Michiel. Was soll ich anziehen?“

„Anziehen?“

„Ja, du hast richtig gehört“, sagte Helen. „Du siehst nicht einmal, was ich anhabe. Weißt du, Michiel, letztens muss-

Pyjama *Schlafanzug*

ten wir ausgehen ... Ich bin noch im Pyjama herumgelaufen und habe gedacht: Das wollen wir doch einmal austesten. Ich ziehe meine Schuhe an, nehme meine Handtasche und sage: ‚Na können wir?' Dein Vater wäre so mit mir zur Tür hinausgegangen. Ich frage: ‚Fällt dir nichts an mir auf?' Er sieht mich durch seine entsetzlich altmodische Brille an und sagt: ‚Du siehst gut aus.'"

„Hast du auch", meinte sein Vater und lachte. „Und deine Pyjamas sehen genauso aus wie Jogginganzüge. Damit kann man ohne Weiteres auf die Straße."

„So etwas muss man sich nun sagen lassen. Dieser Pyjama hat mich ein Vermögen gekostet, ein Vermögen ... Also, was soll ich anziehen?"

„Etwas Sportliches. Deinen Pyjama also."

Helen warf ihm ein Kissen an den Kopf, dem sein Vater für seine Verhältnisse behände auswich.

Harlem Globetrotters *weltbekannte Basketballmannschaft*

Sie waren zuerst italienisch essen gegangen, und danach hatten sie ein Basketballspiel mit den Harlem Globetrotters gesehen. Michiel hatte seinen Augen nicht getraut, als sie vor der riesigen Sporthalle standen. Die Harlem Globetrotters? Sogar Helen war ganz aufgeregt gewesen.

„Wie bist du bloß an die Karten gekommen?" fragte sie voller Bewunderung. „Das ist mir noch nie gelungen."

„Seit ich auf die sportliche Tour mache, habe ich so meine Beziehungen", sagte sein Vater.

Es war ein unvergessliches Spiel gewesen. Wie immer machten die Spieler eine Show daraus. Auch seinem Vater hatte es Spaß gemacht, das konnte man sehen, und anschließend waren sie noch irgendwo etwas trinken gegangen und hatten sich begeistert über das Spiel unterhalten. Sein Vater wusste viel mehr von Basketball, als Michiel erwartet hätte.

„Woher weißt du das alles?“, fragte er neugierig.

„Nun ja ... Ich habe nämlich einen Sohn, der Basketball spielt, weißt du, also kaufe ich mir ab und zu eine Sportzeitung.“

„Hättest du das bloß früher gesagt“, sagte Michiel lachend, „ich hoffe, du hast sie aufgehoben, damit ich sie auch lesen kann.“

Und er hatte sie tatsächlich aufgehoben! Typisch sein Vater. Michiel hatte den ganzen Stapel in seinen Koffer gepackt und mitgenommen. Englisch zu lesen kostete ihn entsetzlich viel Mühe, aber dafür hatte er sie übrig!

Michiel sah aus dem Fenster. Sie flogen über eine Polderlandschaft, hier und da glitzerte ein See, und viele langgezogene Kanäle gab es. Der Himmel war grau. Es nieselte, doch das war ihm gleich. Die Landebahnen kamen in Sicht ...

Polderlandschaft *sumpfiges Gebiet am Meer, das durch einen Deich vom übrigen Land getrennt ist*

Michiel hatte einen Kloß im Hals. Er sehnte sich danach, alle wiederzusehen. Er würde einen ganzen Tag brauchen, um alles zu erzählen. Auch nach Judith sehnte er sich. Er hatte ihr eine Karte geschickt und ihr etwas gekauft. Ob sie es kindisch finden würde? Nein, Judith nicht, dachte er. Jemand anderes vielleicht schon, aber nicht Judith.

21

Tollkühn schnitt Michiel die Kurve. Er war auf dem Weg zu Judith und zappelte ungeduldig vor jeder roten Ampel. Noch immer war er nicht über seine Enttäuschung hinweg, dass Judiths Platz in der Klasse leer geblieben war.

tollkühn *übermütig*

Gestern, als er nach Hause gekommen war, hatte er zuerst alles erzählen müssen. Ein richtiges Fest war es gewesen.

Die Müdigkeit durch die Zeitverschiebung war erst nach einigen Stunden eingetreten, und er war fast auf seinem Stuhl eingeschlafen. Trotzdem hatte er noch versucht, Judith anzurufen und zu fragen, ob sie seine Karte bekommen hatte, aber niemand hatte abgehoben.

Michiel strampelte wie ein Besessener weiter. Noch zwei Straßen, und er war da. Als er läutete, merkte er, wie im Erdgeschoss die Gardine etwas beiseitegeschoben wurde. Er fing einen Schimmer eines fahlbleichen Gesichts auf. Michiel wartete, aber niemand erschien. Erneut drückte er die Klingel, länger diesmal. Noch immer machte niemand, auf. Er trat etwas zurück und schaute zu den Fenstern im ersten Stock hinauf. Nicht ein Lebenszeichen.

Die Gardine unten bewegte sich wieder. Sah er recht? Die Frau winkte ihn steif zu sich her. Es schien, als fiele ihr die Geste schwer. Michiel ging auf ihre Haustür zu.

Auch hier musste er wieder warten, aber nach einer Weile hörte er schlurfende Schritte.

„Zu wem möchtest du?“, fragte der Mann ihm gegenüber.

„Lass den Jungen herein“, erklang eine Stimme aus dem Zimmer.

Der Mann zögerte einen Augenblick.

„Möchtest du zu meiner Frau?“, fragte er.

„Ja.“

„Lässt du den Jungen jetzt herein oder nicht?“ Der Ton war bissig.

Kurz darauf stand Michiel in einem übervollen Zimmer. Vor dem Fenster saß die Frau, die ihm gewinkt hatte. Eine Decke verbarg ihre Beine, und er sah, dass ihre Hände missgestaltet waren. Ihr Gesicht hatte tiefe Furchen. Sie gab sich nicht die geringste Mühe, freundlich zu sein.

„Ich sah, dass du nebenan geklingelt hast.“

„Ja, das stimmt.“

„Sie sind fortgezogen."

Michiel war für einen Moment völlig aus dem Gleichgewicht. So etwas hatte er am wenigsten erwartet.

„Fortgezogen?"

„Misch dich da nicht ein, Hanna." Mahnend erhob sich eine Stimme im Hintergrund, die die Frau nicht weiter beachtete.

„Kanntest du die Leute?"

„Ja ... nein ... eh, das heißt, ich kenne eigentlich nur Judith. Sie war mit mir in einer Klasse."

„Du bist doch schon öfter hier gewesen?"

Michiel nickte. Er konnte nicht so rasch verarbeiten, was er gehört hatte. Judith fort ... Aber vielleicht hatte er es nicht recht verstanden, vielleicht waren sie bloß in Urlaub!

„Wissen Sie auch, wann sie wiederkommen?"

Die Frau gab ein verächtliches Lachen von sich.

„Wiederkommen? Die kommen nicht mehr wieder. Sie sind umgezogen. Mit so einem VW-Transporter, in den sie ihre ganze Habe eingepackt haben."

Habe
Eigentum, Besitz

„Haben sie ... haben sie eine Adresse hinterlassen?"

„Nichts. Sich nicht einmal verabschiedet haben sie. Nur das arme Schaf hat kurz gewinkt, dieses Mädchen ... Sie war also mit dir in einer Klasse?"

Michiel nickte niedergeschlagen. Wieso hatte Judith nicht erzählt, dass sie umziehen würden?

„Hat sie irgendwann etwas zu dir gesagt?"

„Hanna", warnte ihr Mann, „kümmere dich ..."

„Kümmere du dich lieber um deinen Kram", herrschte seine Frau ihn an.

„Na?" Sie blickte Michiel forschend an.

„Wie meinen Sie das?"

„Dass sie geschlagen wurde?"

„Hanna!"

„Hör doch einmal auf mit deinem Gehanna!“, rief sie ungeduldig. „Wusstest du, dass sie regelmäßig eine Abreibung bekam?“

„Ich weiß, dass sie einmal überfallen worden ist. Deshalb bin ich nachmittags oft mit ihr gefahren. Aber ich habe die Jungs nie gesehen.“

„Jungs? Welche Jungs?“

„Na, die sie so verprügelt hatten.“

„Jungs???“ Erneut ein verächtliches Lachen. „Hat sie dir gesagt, es wären irgendwelche Jungs gewesen? Es war ihre Mutter!“

Michiel starrte sie stumm vor Staunen an. Das Blut stieg ihm zu Kopf, und er spürte, wie ihn schwindelte in dem vollen, überheizten Zimmer.

„Ihre Mutter???“

„Da staunst du, was? Na, die verstand vielleicht ihr Handwerk! Das Kind hat jeden Winkel des Zimmers aus der Nähe kennengelernt, man hat sie manchmal bis hierher schreien hören.“

„Aber ... aber ...“, stotterte Michiel, „wieso haben Sie nie etwas unternommen?“

„Man soll sich nicht in anderer Leute Dinge einmischen“, brummte der Mann im Hintergrund.

„Genauso ist es immer gegangen“, platzte die Frau heraus. „Wenn ich sagte, wir müssten dem Kind helfen, sagte mein Mann, das sei nicht unsere Sache.“

„Stimmt auch. Dann kann man sich ja gleich um die ganze Welt kümmern, irgendwo stimmt nämlich überall etwas nicht.“

Michiel hörte kaum mehr zu. Er dachte an die blauen Flecken, die Striemen auf ihrem Rücken. Ihre Mutter! Wieso hatte Judith ihm das verschwiegen, ihn sogar deswegen angelogen? Er war doch ihr Freund?

„Wie hieß das Mädchen doch gleich?“, fragte die Frau.

„Judith“, murmelte Michiel. Er wollte hier fort, er lechzte nach frischer Luft.

lechzen *heftig verlangen*

„Ich gehe dann wieder.“ Er drehte sich um und floh aus dem Zimmer.

Draußen atmete er tief durch, sprang auf sein Rad und hetzte davon, ohne sich ein einziges Mal umzusehen.
Seine Beine bewegten sich automatisch, und er bog in irgendeine Straße ein. Erst einige Zeit später bemerkte er, dass er die falsche Richtung genommen hatte. Wie betäubt drehte er um. Als er fast zu Hause war, merkte er, dass sein Gesicht nass war. Heftig wischte Michiel es mit seinem Jackenärmel trocken. Er pfefferte sein Fahrrad gegen den Schuppen, rannte geradewegs in sein Zimmer und ließ sich der Länge nach aufs Bett fallen.

Nach einer Weile klopfte es leise an die Tür, und kurz darauf hörte er Tante Ellys Stimme direkt neben sich.
„Michiel?“
Er lag noch immer auf dem Bauch, den Kopf im Kissen verborgen.
Er spürte eine Hand auf seinem Haar und eine auf seiner Schulter.
„Was ist los?“
Die Antwort war ein unterdrücktes Schluchzen. Tante Elly schwieg und strich ihm über das Haar.
„Dein Vater?“, erkundigte sie sich nach einer Weile.
Heftig schüttelte er den Kopf und bohrte sein Gesicht noch tiefer in das Kissen.
„Ist etwas in der Schule passiert?“
„Auch nicht“, kam es erstickt hervor.
Als Michiel sich ein wenig beruhigt hatte, stand Tante Elly auf, ging zum Schrank und holte ein Taschentuch.

„Hier.“ Michiel schneuzte sich trompetend die Nase.

„Judith ist fort“, stieß er aus. „Umgezogen.“

„Ach ...“, sagte Tante Elly. „Und wohin?“

„Weiß ich nicht. Und das nicht allein .... Ihre Mutter ... ihre Mutter verprügelt sie. Das weiß ich von einer Nachbarsfrau, die unter ihnen gewohnt hat.“

Tante Elly starrte ihn entsetzt an.

„Zu mir hat Judith gesagt, dass es irgendwelche Jungs waren.“ Michiels Stimme überschlug sich. „Du weißt schon, das eine Mal, als ich sie besucht habe. Sie hatte überall blaue Flecken und sogar Striemen auf dem Rücken. Die Nachbarin hat gesagt, sie hätte sie oft schreien hören.“

„Allmächtiger“, flüsterte Tante Elly entsetzt. „Wieso hat sie nicht eingegriffen, wenn sie das wusste?“

„Sie ist behindert und sitzt in einem Sessel. Ihr Mann meinte, sie sollten sich nicht einmischen.“

Tante Elly schüttelte verzweifelt den Kopf. „Dass ich nichts bemerkt habe ... Wie ist das bloß möglich? Ich fand schon, dass Judith mitunter schlecht aussah, aber manche Kinder sind nun einmal blass. Und sie war etwas still, aber in letzter Zeit ist sie gerade ein wenig aufgetaut.“

„Ich fand es auch so verrückt, dass ich nie zu ihr nach Hause kommen durfte“, sagte Michiel, „sie hatte immer eine Ausrede. Sie hat allerdings erzählt, dass ihre Mutter nicht wusste, dass sie während der Mittagszeit hierherkam. Das tat sie heimlich.“

„Das arme Kind ...“

„Aber wieso hat sie mir nichts gesagt?“ Michiel starrte zu Boden. Tante Elly hörte an seiner Stimme, wie verletzt er war.

„Ich vermute, dass man über so etwas mit niemandem zu sprechen wagt. Erst recht nicht, wenn es die eigene Mutter ist. Das hält man geheim.“

„Dabei hat sie doch so viel für ihre Mutter getan", rief Michiel. „Sie hat ihren kleinen Bruder immer vom Kindergarten abgeholt, sie hat daheim im Haushalt geholfen, und sie durfte nie irgendwohin!"

Tante Elly schüttelte besorgt den Kopf.

„Wenn wir bloß herauskriegen könnten, wo sie jetzt wohnt!"

Vielleicht weiß der Lehrer es", meinte Michiel hoffnungsvoll. „Ich werde ihn morgen sofort fragen."

Michiel beeilte sich zur Schule. Er war erst spät eingeschlafen. Den ganzen Abend hatte er über Judith nachgegrübelt. Er musste und würde hinter die Adresse kommen.

Als er den Flur entlangging, spürte er auf einmal eine Hand auf seiner Schulter.

„Kann ich dich in der Pause kurz sprechen?", fragte der Lehrer.

„Ja." Das traf sich gut. Dann konnte er gleich nach Judith fragen.

Aber der Lehrer kam ihm zuvor. Kaum war das Klassenzimmer leer, da fragte er schon: „Weißt du, wo Judith ist?"

„Das wollte ich Sie gerade fragen", sagte Michiel. „Sie ist umgezogen, aber ich weiß nicht wohin."

Auf der Stirn des Lehrers erschien eine Sorgenfalte.

„Hat sie mit dir über den Umzug gesprochen?"

„Nein. Gestern bin ich bei ihr daheim vorbeigefahren, und da hat niemand aufgemacht. Eine Nachbarin hat gesagt, sie wären fortgezogen."

Der Lehrer ging auf einmal unruhig im Zimmer auf und ab.

„Michiel, ich habe Angst, dass irgendetwas nicht stimmt mit Judith."

„Es stimmt auch etwas nicht", brach es auch Michiel hervor. Seine Stimme überschlug sich. „Sie ... sie wird geschlagen."

Der Lehrer blieb stehen.

„Von wem?“

„Von ihrer Mutter.“

„Ihrer Mutter??? Seit wann weißt du das?“

„Erst seit gestern.“ Michiel schluckte. „Ich habe versucht, Judith anzurufen, aber niemand hat abgehoben. Dann bin ich, wie gesagt, bei ihr zu Hause vorbeigefahren ...“

Stockend berichtete er, was er sonst noch von der Nachbarin gehört hatte. Der Lehrer setzte sich hinter seinen Tisch und schüttelte niedergeschlagen den Kopf.

„Vor einiger Zeit habe ich bemerkt, dass Judith am Arm blaue Flecken hatte. Sie erzählte, sie sei gegen einen Schrank gefallen, als sie sich mit ihrem kleinen Bruder balgte. Und kurz vor den Ferien hatte sie sich den Fuß verstaucht, erinnerst du dich noch?“

Michiel nickte. Judith hatte ihm gesagt, sie sei von einer Mauer gesprungen und verkehrt aufgekommen.

„Als ich ihren Knöchel verband, habe ich blaue Flecken auf ihren Beinen und auch wieder auf ihren Armen entdeckt. Da hat sie gesagt, sie sei von einer Bande Jungs überfallen worden. Diese Ausrede hat sie auch auf ihrer vorherigen Schule gebraucht, wie ich gehört habe, also muss sich das hier schon viel länger abspielen. Hast du jemals etwas davon bemerkt?“

„Bloß an diesem Nachmittag ...“, stotterte Michiel, „als ich Judith besucht habe. Sie erinnern sich: Sie hatten mir Lakritz mitgegeben, sie war nämlich wieder einmal krank. Da hatte sie einen blauen Fleck im Gesicht, und sie hatte sogar Striemen auf dem Rücken ... Aber ich habe ihr wirklich geglaubt, als sie sagte, diese Jungs wären das gewesen.“ Michiel starrte verzweifelt zu Boden und trat mit dem Fuß gegen ein Tischbein.

Der Lehrer stand auf und legte Michiel eine Hand auf die Schulter.

„Wie schwer muss Judith es gehabt haben, Michiel, wenn sie es sogar vor dir verschwiegen hat."

Michiel spürte ein brennendes Gefühl im Hals.

„Kennst du ihre Mutter?", fragte der Lehrer.

„Ich bin ihr nur einmal begegnet. Sie wusste nicht einmal, wer ich war, und sie hat auch nicht gewusst, dass Judith mittags immer mit zu mir kam."

Der Lehrer schüttelte den Kopf.

„Judith braucht Hilfe, und ihre Mutter auch, ehe etwas noch Schlimmeres passiert. Aber wie kriegen wir ihre Adresse heraus? Wir haben heute früh bloß eine Nachricht bekommen, dass sie umgezogen sind, weiter nichts."

„Sie könnten alle Schulen in der Stadt anrufen", fiel Michiel ein.

„Tue ich", versprach der Lehrer, „und zwar noch heute. Hat Judith Verwandte?"

„Ja, eine Tante, aber ich weiß ihre Adresse nicht." Er dachte nach.

„Der Kindergarten!", rief er plötzlich. „Da arbeitet Ineke. Vielleicht kann sie uns helfen."

„Du gehst im Kindergarten vorbei, und ich rufe die Schulen an. Sobald wir etwas wissen, geben wir uns Bescheid. Einverstanden?"

Michiel nickte hoffnungsvoll.

Sie hörten beide die Glocke; die Pause war vorüber.

22

Am nächsten Morgen nahm der Lehrer Michiel kurz zur Seite.

„Ich habe alle Schulen angerufen, aber sie ist nirgendwo eingeschrieben. Ich fürchte, Judith ist in einen anderen Ort gezogen.“

„Ineke konnte mir auch nicht helfen“, berichtete Michiel. „Im Kindergarten haben sie auch keine Adresse hinterlassen.“

Aber mittags zu Hause, als alle bei Tisch saßen, klingelte das Telefon.

„Gehst du mal ran?“, fragte Tante Elly.

Michiel ging in den Flur und nahm den Hörer ab.

„Hier ist Michiel.“ Am anderen Ende blieb es still.

„Hallo“, sagte Michiel, „mit wem spreche ich?“

„Mit Judith“, erklang es leise.

„Judith!“ Seine Stimme überschlug sich vor Aufregung. „Judith, wo steckst du?“

„Wir sind umgezogen.“

„Ja, das weiß ich, aber wo wohnst du?“

Ein kurzes Zögern.

Leiden *Stadt in den Niederlanden*

„In Leiden. Wie war dein Urlaub?“

„Das erzähle ich dir alles, wenn ich dich sehe, ich muss dich nämlich einfach sehen. Ich habe etwas für dich. Wie ist deine Adresse?“

Judith antwortete nicht, sondern sagte eilig: „Ich stehe in einer Telefonzelle, ich habe kein Kleingeld mehr, aber ich ...“

Das Gespräch war unterbrochen.

Fassungslos starrte Michiel auf den Hörer. Er legte auf und wartete. Ob sie noch einmal anrief?

Weil er so lange fortblieb, kam Tante Elly.

„Judith?“, erriet sie sofort.

Michiel nickte.

„Sie wohnt in Leiden, aber bevor sie sagen konnte wo, wurde das Gespräch unterbrochen. Sie stand in einer Telefonzelle.“

„Sie ruft bestimmt noch einmal an“, meinte Tante Elly hoffnungsvoll.

Doch das tat sie nicht.

Judiths Hand zitterte, als sie den Hörer auflegte. Michiels vertraute Stimme erweckte eine so verzweifelte Sehnsucht in ihr, dass ihr schwindelte. Sie hatte der Versuchung nicht widerstehen können, ihn anzurufen, auch wenn sie ihn nicht mehr sehen würde, jetzt, nachdem sie umgezogen waren.

„Heh, hast du die Absicht, da zu übernachten?“ Ein ungefähr sechzehnjähriger Junge riss ungeduldig die Tür der Telefonzelle auf.

Eilig kam Judith heraus und nahm ihr Fahrrad.

Leiden ... Markttag war heute. Menschen drängten sich vor den Ständen, wimmelten durch die Straßen. Mit Mühe bahnte sie sich einen Weg durch die Menschenmasse. Als sie den größten Trubel hinter sich hatte, stieg sie auf ihr Rad und fuhr nach Hause; ein schmales Sträßchen, in dem ihre Mutter ein Obergeschoss gemietet hatte.

Vor drei Wochen, an dem Tag, als die Osterferien anfingen, hatte ihre Mutter plötzlich angekündigt, dass sie umziehen würden.

„Wohin?“, hatte sie gestammelt.

„Leiden.“

„Muss ich dann von der Schule fort?“ Sie hörte selbst den ängstlichen Klang in ihrer Stimme.

„Ja, was dachtest du denn? Dass ich dich jeden Tag zwischen Leiden und Den Haag hin- und herreisen lasse? Ich bin mehr als froh, diesen aufdringlichen Lehrer los zu sein. Ständig anzurufen, um sich mit mir zu treffen, was denkt der sich bloß? Ich gehe schon selber hin, wenn ich ihm was zu erzählen habe."

Judith wagte nicht weiterzufragen. Dazu bekam sie auch kaum Gelegenheit; sie wurde sofort damit beauftragt, Kisten zu packen.

Die letzte Nacht in ihrem Dachzimmer hatte sie sich in ihrem Bett hin- und hergeworfen und ihre Decke zerwühlt. Sie dachte an Michiel, den sie nicht mehr sehen würde – und Tante Elly ebenso wenig. Ein trockener Kloß setzte sich in ihrem Hals fest, und sie konnte kaum schlucken.

Lange hatte Judith vor sich ins Dunkel gestarrt. Zuletzt war sie in einen unruhigen Schlaf verfallen.

Michiel nahm den Zug nach Leiden.

Als sie erst einmal wussten, dass Judith in Leiden wohnte, hatte der Lehrer recht schnell herausbekommen, auf welcher Schule sie war und wie ihre Adresse lautete.

„Besser, ich warte vor der Schule auf sie", hatte Michiel gesagt, „wenn ich nämlich zu ihr nach Hause gehe und ihre Mutter ist da, habe ich keine Chance."

„Das bedeutet also, dass ich dir freigeben muss."

„Ja, anders geht es nicht."

„Na gut", hatte der Lehrer gemeint.

Der Zug setzte sich in Bewegung und glitt langsam aus dem Bahnhof. Er war nicht voll. Michiel stellte die Plastiktüte neben sich auf die Sitzbank. Sie enthielt sein Geschenk für Judith. Ob sie sich freuen würde, ihn wiederzusehen? Er war nervös und hatte ein merkwürdiges Gefühl im Bauch.

Jetzt, wo es so weit war, wusste er eigentlich nicht, was er ihr sagen sollte.

Schneller als erwartet kam er in Leiden an. Er holte sein Fahrrad aus dem Zug. Einen Stadtplan trug er in der Tasche; er wusste, welchen Weg er nehmen musste.

Michiel verließ den Bahnhof und sprang auf sein Rad.

Die Schule lag in einem Neubauviertel mit wenig Grün. Das Gebäude war L-förmig, und davor befand sich ein Spielplatz. Der Fahrradunterstand lag wahrscheinlich auf der Rückseite, dachte Michiel. In welchem Klassenzimmer mochte Judith sitzen, und was sollte er tun, wenn sie heute nicht in der Schule war? Sollte er dann unverrichteter Dinge wieder nach Hause fahren?

Er war viel zu früh da und musste warten. Ruhelos trat er von einem Bein aufs andere. Als endlich die Glocke ging, erschrak er, und sein Herz hämmerte wie verrückt.

Die ersten Kinder kamen heraus, zunächst die Kleinsten, dann folgten die übrigen, schiebend und schreiend. Es dauerte etwas, ehe er die ersten Fahrräder sah, aber Judith war noch nicht dabei.

Gespannt hielt er Ausschau, und plötzlich entdeckte er sie. Still schob sie ihr Rad zwischen den anderen Kindern her, die sie völlig unbeachtet ließen. Ihr Blick war zu Boden gerichtet, und sie sah sehr klein aus. Erst als sie ganz nah bei ihm war, erblickte sie ihn. Der Ausdruck auf ihrem Gesicht wechselte von Ungläubigkeit in Freude. Sie blieb stehen, sodass ein Junge hinter ihr gegen sie stieß, aber das bemerkte sie nicht einmal.

„Hi“, war das einzige, was Michiel einfiel, als sie vor ihm stand.

„Hi“, sagte Judith ebenfalls.

„In welche Richtung müssen wir?“, fragte Michiel.

„In diese Richtung.“ Judith wollte schon auf ihr Rad steigen.

„Hast du Lust auf eine Cola oder so?“, fragte Michiel.

Er sah, wie sie zögerte. „Ich muss eigentlich nach Hause.“

„Dennis abholen?“

„Nein, das nicht. Dennis ist bei meiner Mutter ... Ich meine, sie arbeitet in einem Büro, in dem es auch einen Kindergarten gibt.“

„Na denn ...“

Judith dachte an die Einkäufe, die sie erledigen musste, und auch noch ...

„Wir können also sehr gut etwas trinken“, entschied Michiel.

„Gut“, sagte Judith leise. Sie konnte noch immer nicht begreifen, dass Michiel neben ihr radelte.

„Woher wusstest du, dass ich in diese Schule gehe?“

„Vom Lehrer. Er hat einfach ein paar Schulen in Leiden angerufen, nachdem ich erzählt hatte, dass du da wohnst. Ich soll dich übrigens von ihm grüßen.“

Judith lächelte.

Es dauerte etwas, ehe sie ein Café gefunden hatten. Drinnen war es ziemlich leer. Michiel suchte einen Platz in der Ecke aus.

„Was möchtest du trinken?“

„Kakao“, sagte Judith.

Ein Mädchen kam und nahm die Bestellung auf. Als sie fort war, sagte Michiel: „Ich habe etwas für dich.“ Er stellte die Plastiktüte auf den Tisch.

„Für mich?“ Er sah, wie sie rot wurde.

Judith nahm die Tüte und schaute hinein.

„Oooh ...“, war alles, was sie herausbrachte. Sie holte einen braunen Teddybären zum Vorschein. Als sie Michiel ansah, standen ihre Augen voll Tränen.

„Findest du ihn schön?“

Judith schluckte und konnte bloß noch nicken.

Das Mädchen brachte die Getränke.

„Witziger Bär“, bemerkte sie.

„Ja, das fand ich auch“, sagte Michiel, „deshalb hab ich ihn für dich gekauft.“

Judith rieb sich die Augen. Wieso musste sie jetzt heulen? Michiel würde bestimmt denken ...

Sie schwiegen beide. „Hast du ihn in Amerika gekauft?“, fragte Judith nach einer Weile.

„Ja. Helen, das ist die Freundin meines Vaters, Helen und ich sind einkaufen gegangen, und da sah ich ihn auf einmal in einem Schaufenster stehen.“

„Musstest du da an Steffie denken?“

„Nein, ich musste an dich denken. Ich fand ihn einfach ...“ Michiel stotterte ein wenig. „Na ja, er hat mir sofort gefallen. Und du? Du findest es doch nicht kindisch?“

Judith schüttelte heftig den Kopf. „Ich freue mich sehr darüber, wirklich. Es ist mein schönstes Geschenk.“ Sie streichelte dem Bären über den Kopf.

Das Gefühl der Zusammengehörigkeit zwischen ihnen kam wieder.

„Wie war es übrigens in Amerika?“, erkundigte sie sich vorsichtig.

„Enorm viel besser als erwartet“, bekannte Michiel. „Ich hatte ja doch so meine Befürchtungen, aber Helen ist nett, mit der kam ich gut zurecht, und mein Vater ... mein Vater ist anders geworden. Eigentlich war er ziemlich brauchbar.“

Er schwieg und fragte dann: „Wieso hast du mir nicht erzählt, dass du nach Leiden ziehst?“

„Ich wusste es damals noch nicht. Meine Mutter bekam auf einmal eine neue Stelle, und alles ist sehr schnell gegangen.“

„Aber du hättest doch die Adresse hinterlassen können?“

Judith vermied es, ihn anzusehen, und zupfte an den Ohren des Bären.

„Oder durftest du das nicht?“

„Ich würde ja doch nicht mehr zu euch kommen können“, wich Judith seiner Frage aus, „also hatte es auch keinen Sinn, die Adresse zu hinterlassen.“

Michiel versammelte seinen ganzen Mut und platzte heraus : „Judith, ich weiß das von deiner Mutter.“

Judiths Bestürzung war so groß, dass sie fast ihren Kakao umgestoßen hätte.

Er beugte sich zu ihr: „An diesem Nachmittag, als ich bei dir zu Hause gewesen bin ... Als du gesagt hast, diese Jungs hätten das getan ...“

Judith atmete schnell, wie jemand, der sich in die Enge getrieben fühlt.

„Wieso hast du da nicht die Wahrheit erzählt? Ich bin doch dein Freund, oder etwa nicht?“ Es klang verletzt.

Sie nickte.

„Ich habe die blauen Flecken gesehen und die Striemen auf deinem Rücken. Der Knöchel, den du dir verstaucht hattest, kam das auch durch deine Mutter?“

Judith gab keine Antwort, sondern starrte bestürzt vor sich hin.

„Wie ... woher weißt du es?“, fragte sie heiser.

„Von den Nachbarn unter euch, von der Frau, die immer vorm Fenster sitzt. Ich habe bei euch geklingelt, aber niemand machte auf. Da hat sie mir gewinkt. Sie erzählte, dass sie dich oft ... dass sie dich oft hat schreien hören.“

Judith presste den Bären an sich, als suchte sie Halt.

„Wieso schlägt deine Mutter dich?“

„Weiß ich nicht“, kam es tonlos aus ihr hervor.

„Schlägt sie Dennis auch?“

„Nein, Dennis nicht."

„Und wieso dich?"

Judith zuckte mit den Schultern.

„Hast du deswegen so oft beim Sport nicht mitgemacht? Warst du deswegen ständig krank?"

Sie nickte.

„Aber weshalb lässt du das zu?", platzte Michiel entrüstet los.

Judith schaute ihn mit leeren Augen an.

„Wenn du nichts tust, wird deine Mutter dich weiter schlagen. Du musst etwas tun!"

Drang es überhaupt zu ihr durch, was er sagte?

„Du musst es jemandem erzählen. Es ist nicht normal, dass deine Mutter so etwas tut. Das ist reine Misshandlung."

Judith schien langsam aus einer Art Betäubung zu erwachen.

„Wie lange macht sie das schon?"

Sie wagte ihn nicht anzusehen. „Solange ich mich erinnern kann."

„Auch als du klein warst?"

„Ja."

„Aber warum, warum?"

„Ich weiß es wirklich nicht." Judith zupfte nervös am Fell des Bären. „Vielleicht weil ich ... weil ich Dick ähnlich sehe."

„Dick? Welchem Dick?"

„Dem Bruder meiner Mutter, der gestorben ist, als er neun oder zehn war. Er ist auf dem Eis eingebrochen."

„Konnte sie diesen Bruder denn nicht ausstehen?"

„Nein, ich glaube nicht, ich weiß es auch nicht ...", stammelte Judith, „aber ihre Mutter, meine Oma also, hat ihr daran die Schuld gegeben. Er wollte Schlittschuh laufen, und meine Mutter musste auf ihn aufpassen. Da ist er in einem eisfreien Stück gelandet. Das hat Tante Liesbeth mir erzählt, und da hat Oma nichts mehr von Mama wissen wollen. Sie hat getan, als gebe es Mama nicht mehr."

„Aber du kannst doch nichts dafür, dass du Dick ähnlich siehst!", rief Michiel entrüstet.

Judith zupfte noch immer nervös an dem Bären. Zögernd sagte sie: „Du fandest mich nett, weil ich Steffie ähnlich sah. Aber was, wenn Steffie jetzt ein blödes Kind gewesen wäre?"

„Dann hätte ich dich immer noch nicht für ein blödes Mädchen gehalten", sagte Michiel. „Denn du bist Judith, und ich fand es ... na, ich fand es total blöd, dass du umgezogen bist, und du fehlst mir auch total."

„Du mir auch", bekannte Judith.

Für einen Moment war es still.

„Du musst etwas tun", drängte Michiel.

„Aber was?" Es klang hilflos.

„Tante Elly hat gesagt, du kannst immer zu uns kommen. Wir werden dir helfen. Sie hat auch angeboten, mit deiner Mutter zu reden oder mit Tante Liesbeth."

Judith sah ihn erschrocken an.

„Weiß Tante Elly es denn auch?"

„Ja."

„Und wer sonst noch?" Ihre Lippen begannen zu zittern.

„Der Lehrer."

„Mama wird bestimmt glauben, ich hätte geplaudert", brachte sie ängstlich heraus. „Dann schlägt sie mich tot."

„Sie schlägt dich wahrscheinlich auch tot, wenn du es nicht erzählst", sagte Michiel hart.

Judith schaute ihn eine Weile still an.

„Ja, das stimmt", gab sie zu.

23

Judith radelte nach Hause. Wegen Michiel hatte sie die Zeit völlig vergessen. Das plötzliche Wiedersehen hatte sie zuerst völlig verwirrt; vor allem als er sagte, dass er alles wüsste. Aber später hatte sie sich ungeheuer befreit gefühlt.

Michiel hatte deutlich gezeigt, dass sich an ihrer Freundschaft nichts geändert hatte; im Gegenteil sogar. Sie hatte auf einmal alles beichten können; das mit der Tasche zum Beispiel, und wie ihre Mutter sie verdächtigt hatte, das Geld gestohlen zu haben. Sie war nicht mehr zu bremsen gewesen, unaufhörlich waren ihr die Worte aus dem Mund gesprudelt. Michiel hatte stumm vor Staunen dagesessen und zugehört.

„Wieso erzählst du mir das alles erst jetzt?", hatte er gefragt.

„Ich konnte es nicht, wirklich nicht, Michiel. Ich habe auch geglaubt, es wäre normal. Na ja ... nicht normal natürlich, aber es ist nie anders gewesen. Manchmal geht es wieder eine Zeit lang gut, dann schlägt Mama nicht, und auf einmal ist es wieder verkehrt."

„Weißt du auch, warum es dann verkehrt läuft?"

Judith dachte nach.

„Manchmal schon, wenn es etwas im Büro gegeben hat oder so, aber oft weiß ich es auch nicht. Meistens merke ich es sofort; ich höre es schon an ihren Schritten, ich erkenne es an der Art, wie sie schaut und sich bewegt. Dann muss ich sehr aufpassen, aber gerade dadurch werde ich nervös, und genau dann mache ich irgendetwas falsch."

„Hasst du deine Mutter denn nicht wie die Pest?"

Judith zuckte bekümmert mit den Schultern.

„Ich hasse eher mich selber wie die Pest, glaube ich", bekannte sie leise, „weil ich so ängstlich bin. Ich sitze eigentlich immer da und warte darauf. Und dieses Warten ist schrecklich."
„Wenn du weiter wartest, wird deine Mutter weitermachen."
Der Satz prägte sich in ihr Gehirn.
„Du musst etwas tun", drängte er wieder. „Du darfst das nicht verschweigen. Und wir werden dir helfen, ehrlich."

Außer Atem erreichte Judith ihre Straße. Zu ihrem Schrecken sah sie das Auto ihrer Mutter schon vor der Tür stehen. War es denn schon so spät? Und die Einkäufe mussten noch erledigt werden! Außerdem hatte sie den Teddybären; den durfte ihre Mutter auf keinen Fall sehen. Er war zu groß für ihre Schultasche. Und hier gab es auch keinen Schuppen, in dem sie ihn hätte verbergen können. Sie würde ihre Jacke ausziehen und ihn darunter verstecken, fiel ihr auf einmal ein.
Nervös hantierte sie mit dem Schlüssel im Schloss und schob ihr Rad in den schmalen Flur. Mit weichen Knien stieg sie die Treppe hoch. Oben ging die Tür auf.
„Wo kommst du her?" Verkehrt, begriff Judith sofort. Zweifelnd blieb sie auf halbem Weg stehen. Erst später wurde ihr klar, dass ihr Zögern genau ein paar Sekunden zu lange gedauert hatte. Sie hätte sich auf der Stelle umdrehen und davonrennen müssen.
Ihre Mutter kam heruntergestürzt und zog sie an den Haaren die Treppe hinauf. Der Schmerz war so heftig, dass ihr der Schrei in der Kehle steckenblieb.
„Wo bist du gewesen?" Sie wurde durcheinandergerüttelt; sie konnte den Schlägen nicht ausweichen, weil der Flur so schmal war.

„Und wo sind die Einkäufe?“ Ihre Mutter trieb sie in eine Ecke, trat und schlug. Judith versuchte, ihren Kopf zu schützen. Die Jacke fiel zu Boden, doch die Plastiktüte mit dem Bären hielt sie immer noch fest.

„Was hast du da?“ Die keuchende Stimme ihrer Mutter, harte Hände, die ihr die Tüte entrissen.

Judith schwindelte. Wie durch einen Schleier sah sie, wie ihre Mutter den Bären zum Vorschein holte.

„Was hat das zu bedeuten?“

„Bekommen“, brachte Judith erstickt hervor.

„Von wem?“

Sie gab keine Antwort.

„Den hast du vom Einkaufsgeld gekauft“, schrie ihre Mutter.

„Nein, nein, Mama, wirklich nicht“, schrie Judith ängstlich, „Ich habe ihn ...“

„Und wo ist dann das Portemonnaie?“

„In der Schublade“, rief Judith.

„Zeig her!“

Ihre Mutter schob sie ins Zimmer. Judith konnte nicht mehr denken. Sie wusste nicht, wo das Portemonnaie lag. In Panik lief sie zu dem Schubladenschrank und zog willkürlich eine Lade auf. Alles verschwamm ihr vor den Augen. Sie wühlte verzweifelt zwischen Papieren, Schachteln und Schreibern. Andere Schublade.

„Vielleicht liegt es in der Küche“, stieß sie verzweifelt hervor. Ihre Mutter schleifte sie roh in die Küche. Judith zog die Messerschublade auf, ihr Kopf war vollkommen leer. „Ich weiß ... Ich weiß es nicht mehr.“

Zu spät wich sie dem Schlag in ihr Gesicht aus. Wie viele noch folgten, wusste sie nicht. Etwas Lauwarmes tropfte aus ihrer Nase, und sie wurde gegen die Spüle geschleudert.

„Du hast diesen Bären gekauft!“, zischte ihre Mutter und packte ein Brotmesser aus der Schublade.

Judiths Atem stockte.

„Nein, Mama … nicht den Bären! Nicht den Bären!“, schrie sie.

Sie sah, wie ihre Mutter das Messer in den Bären stach und drauflos hackte, viermal, fünfmal. Wieder hob die Mutter den Arm, kam jetzt auf sie zu. Judith blieb ratlos stehen, das Messer blitzte, doch auf einmal ließ ihre Mutter die Hand sinken.

Keuchend sah sie Judith an, ihr Gesicht verzerrt vor Verzweiflung.

„Was tue ich? Mein Gott, was tue ich hier?“

Sie ließ das Messer fallen und schlug die Hände vors Gesicht. Erst da sah Judith in der Türöffnung Dennis stehen, die Augen weit aufgerissen vor Angst.

Zitternd betupfte Judith ihr Gesicht mit Wasser. Ihre Lippe wurde schon dick, und ihr linkes Auge war halb zugeschwollen.

Mein Bär ist kaputt …

Irgend etwas ist mit meinen Rippen, dachte sie. Das Atmen tat ihr weh, und sie hatte auch in die Hose genässt.

Mein Bär ist kaputt …

Judith zog sich vorsichtig aus, stellte sich unter die Dusche und ließ das Wasser über sich hinwegrauschen.

Mein Bär ist kaputt …

Sie fing heftig an zu zittern, so als wäre ihr kalt, und ihr war auch kalt; eiskalt, als sei sie erfroren. Sogar das heiße Wasser kam ihr kalt vor.

Mein Bär ist kaputt … mein Bär ist kaputt …

Der Abend verlief wie ein alter, bekannter Film. Das Portemonnaie war gefunden worden; es hatte oben auf der Garderobe gelegen. Zum Einkaufen war es zu spät gewesen, und ihre Mutter hatte Pommes frites mit Fleischkroketten geholt, die Judith sonst gern aß, aber jetzt wurde ihr schlecht davon. Dennoch hatte sie nicht nein zu sagen gewagt, aus Angst vor einem neuerlichen Ausbruch.

Fleischkroketten *niederländische Fastfood-Spezialität, ähnlich der deutschen Bratwurst*

Ihre Mutter erzählte, Onkel Ben, der Mistkerl, habe sie im Büro angerufen und gesagt, er wolle Dennis häufiger sehen.

„Erst sich um den eigenen Sohn nicht kümmern, und dann auf einmal den Vater heraushängen! Aber ich lasse mit mir nicht Schindluder treiben“, schnatterte sie erregt. „Und Dennis bekommt er nicht, dass er das bloß weiß.“

mit jemandem Schindluder treiben *jemanden schlecht behandeln (Redensart)*

Judith hörte mit klopfenden Schläfen zu und suchte nach dem Essen schnell ihr Zimmer auf; einen kleinen Verschlag, in den ihr Bett nur knapp hineinpasste.

„Es ist nur vorübergehend“, hatte ihre Mutter gesagt, „ich suche eine Etagenwohnung.“

Stundenlang lag sie wach, und es kreiselte in ihrem Kopf. Du musst etwas tun ... du musst etwas tun ... Michiels Satz wiederholte sich endlos.

Sie dachte wieder an den Augenblick, als ihre Mutter das Messer in den Bären gestochen und ihn kaputt gemacht hatte. Ihr Geschenk von Michiel ... Hinter ihren Augen brannten die Tränen.

Judith drehte sich vorsichtig um. Das Atmen fiel ihr schwer, weil ihre Rippen von dem Fall gegen die Spüle schmerzten.

Wenn ich bleibe, wird Mama auch mich kaputt machen, dachte Judith, genau wie meinen Bären.

„Du musst etwas tun ...“, sagte Michiels Stimme.

„Ich rufe in der Schule an und sage, dass es dir nicht gut geht und dass du ein paar Tage zu Hause bleibst“, sagte ihre Mutter am nächsten Morgen. Judith nickte. Sie sah ihre Mutter nicht an.

Als sie Dennis in seine Jacke steckte, flüsterte sie erstickt: „Tschüs, lieber, lieber Dennis" und küsste ihn. Ihre Lippen taten weh.

Sie hörte, wie ihre Mutter das Auto startete. Zweimal starb der Motor ab; das dritte Mal brummte er weiter. Sie fuhr die Straße hinunter; das Geräusch verstummte.

Judith räumte den Frühstückstisch ab und spülte das Geschirr. Als sie etwas in den Mülleimer werfen wollte, sah sie darin den kaputten Bären; er lag unter ein paar Resten Pommes Frites. Sie betrachtete ihn eine Zeit lang still, holte dann eine Plastiktüte, steckte ihn hinein und knotete die Tasche zu.

Danach zog sie sich an und kämmte ihr Haar.

Die Reisetasche konnte sie zunächst nicht finden, und als sie sie endlich entdeckte, stopfte sie sie voll mit Kleidungsstücken; den roten Pullover nahm sie nicht mit, den ließ sie liegen. Die Plastiktüte mit dem Bären legte sie obenauf, dazu ein Foto von Dennis und ihren Wecker.

Sie sah im Zimmer umher, entdeckte noch ein herumliegendes Auto und legte es zurück in Dennis' Spielzeugkiste.

Dann zog sie ihre Jacke an und ging die Treppe hinunter. Das Rad ließ sie stehen.

Die Bushaltestelle war zwei Straßen weiter. Sie musste sehr langsam gehen, denn die Rippen taten ihr weh, vor allem jetzt, wo sie die Tasche trug. Judith merkte deutlich, wie manche Leute ihr nachsahen. Sie wusste, dass ihre Lippe geschwollen war und ihr Auge blau. In ein paar Tagen würde es grüngelb werden.

Im Bus zum Bahnhof fragte der Fahrer: „Eine Prügelei gehabt, Mädel? Doch wohl nicht?" Judith versuchte zu lachen, aber es wurde ein schiefes Grinsen, wegen ihrer geschwollenen Lippe. Sie suchte sich hinten einen Platz und blickte starr aus dem Fenster.

Sie erschrak, als der Fahrer rief: „Bahnhof!“ Eilig packte sie die Tasche, autsch, die Rippen … und wuchtete sie aus dem Bus.

„Einmal Den Haag einfach“, sagte sie, als sie vor dem Fahrkartenschalter stand.

einfach *hier: nur eine Hinfahrt, keine Rückfahrt*

Materialien

Die Autorin Anke de Vries

Anke de Vries wurde am 05.12.1936 in Sellingen (Groningen/ Niederlande) geboren und verbrachte dort auch ihre Kindheit und Jugend. Direkt nach dem Schulabschluss begann sie zu reisen, u. a. nach Frankreich und Griechenland. Mit 21 Jahren heiratete sie einen Franzosen und lebte mit ihm mehrere Jahre im Ausland.
Seit 1963 wohnt sie mit ihrer Familie in Den Haag.
Ihr Mann überredete sie, mit Schreiben anzufangen. Also besuchte sie einen Kursus zum Kreativen Schreiben und bereits 1972 erschien ihr erstes Buch, bis heute folgten über 70 weitere Kinder- und Jugendbücher. Außerdem arbeitete sie bei zahlreichen Jugendzeitschriften mit.
Mittlerweile zählt sie zu den bekanntesten niederländischen Kinderbuchautorinnen und gewann bereits mehrere Preise: „Silberner Griffel“, den niederländischen Staatspreis“ sowie Preise verschiedener Kinder- und Jugendjurys.

Was ist Kindesmisshandlung?

Um einen Vorfall oder ein Geschehen eindeutig als Misshandlung kennzeichnen zu können, muss klar sein, was der Begriff Kindesmisshandlung eigentlich bedeutet. Eine allgemein gültige Definition von Kindesmisshandlung gibt es allerdings bisher nicht. Zum einen sind die Vorfälle immer unterschiedlich. Zum anderen bestehen sie meistens aus einer Kombination mehrerer negativer Handlungen und Unterlassungen.

Definition *Erklärung, Begriffsbestimmung*

Unter Kindesmisshandlung wird heute jede Art von Schädigung von Kindern oder Jugendlichen durch Erwachsene verstanden. In der Fachpraxis ist es notwendig, die verschiedenen Formen der Kindesmisshandlung zu unterscheiden. Nur so kann entsprechend gut beobachtet, eingegriffen und geholfen werden.

a) Körperliche Misshandlung

Körperliche Misshandlung bezeichnet alle Handlungen körperlicher Gewalt gegen ein Kind, die zu körperlichen Verletzungen führen (können). Dazu zählen z. B. der einzelne Schlag mit der Hand oder mit der Faust, Prügeln, Festhalten, Würgen, Schütteln, Stoßen, Verbrennen, gewaltsame Angriffe mit Riemen, Stöcken, Küchengegenständen oder Waffen. Erste Folgen solcher gezielter Gewaltausübungen sind u. a. blaue Flecke, Blutergüsse, Prellungen, Schädel- und Knochenbrüche, Gehirnerschütterungen, aber auch innere Verletzungen. Die Misshandlung kann sowohl mit Absicht als auch impulsiv, d. h. spontan, aus einer bestimmten Situation heraus, passieren.

b) Psychische Misshandlung

Psychische Misshandlung umfasst alle Äußerungen und Verhaltensweisen von Sorgeberechtigten, die Kinder oder Jugendliche ängstigen, ablehnen, ausbeuten, herabsetzen, überfordern, isolieren, terrorisieren, erniedrigen oder kränken. Den Kindern wird das Gefühl gegeben, nichts wert zu sein oder im Leben zu stören. Außerdem belasten auch sadistische Erziehungsmethoden, wie z.B. das Kind in dunklen Räumen einsperren, oder die ständige Bevorzugung eines Geschwisterkindes die Entwicklung des Kindes. Des Weiteren können Liebesentzug, Bestrafungen, Beschimpfungen oder ständige Nörgeleien die kindliche Seele negativ beeinflussen. Da seelische Gewalt nicht immer sichtbare Spuren hinterlässt, ist diese Form der Misshandlung viel schwerer festzustellen. Sie kann deshalb über lange Zeiträume unbemerkt auf Kinder einwirken.

isolieren *absondern; wegsperren*

c) Vernachlässigung

Unter Vernachlässigung versteht man die andauernde oder wiederholte Unterlassung fürsorglichen Handelns durch Eltern oder andere Betreuungspersonen.

Die Kinder erhalten keine oder nicht genug Zuwendung und Fürsorge für ihre körperliche und seelische Entwicklung. Aus Not, eigener Vernachlässigungserfahrung, Unwissenheit oder Unfähigkeit werden häufig sowohl die seelischen als auch die materiellen Bedürfnisse des Kindes nicht berücksichtigt. Dazu gehört auch, dass nicht auf angemessene und ausreichende Nahrung, Pflege und Kleidung geachtet wird oder dass die Erhaltung der Gesundheit, die Aufsicht und der Schutz vor Gefahren nicht immer gewährleistet sind.

d) Sexuelle Misshandlung

Sexuelle Misshandlung bezeichnet die sexuelle Aktivität eines Erwachsenen mit oder vor Minderjährigen ohne deren Zustimmung. Formen der sexuellen Misshandlung können Belästigungen, Masturbation, sexuelle Nötigung, Vergewaltigung sowie sexuelle Ausbeutung durch den Zwang zu pornografischen Aktivitäten oder Prostitution sein. Durch solche Misshandlungen wird die körperliche und seelische Entwicklung und somit auch die Gesamtpersönlichkeit der Opfer stark gestört.

Masturbation *Selbstbefriedigung*

ARBEITSANREGUNGEN

- Bei Misshandlungen wird zwischen körperlicher und psychischer Misshandlung sowie Vernachlässigung und sexueller Misshandlung unterschieden. Lege eine Tabelle an und ordne die verschiedenen Formen der Misshandlung den Oberbegriffen zu
- Judiths Mutter wird zur Täterin gegenüber Judith. Erkläre, welche Formen der Misshandlung hier zutreffend sind. Belege deine Aussagen jeweils mit passenden Textstellen.
- Judiths Mutter ist gleichzeitig auch Opfer in der Beziehung zu ihrer eigenen Mutter. Beschreibe, inwiefern sie in ihrer eigenen Jugend misshandelt worden ist.

Mädchen musste aus Hundenapf essen

Diedenhofen, 24. März (dpa)

Wegen Misshandlung ihrer zehn Jahre alten Tochter, die mit einer Hundeleine gezüchtigt wurde und aus einem Hundenapf essen musste, hat die Polizei in der lothringischen Stadt Diedenhofen eine 36 Jahre alte Mutter festgenommen. Der Richter erließ Haftbefehl gegen die Frau, die vor der Polizei sagte, sie habe ihre Tochter wegen ständigen Bettnässens bestrafen wollen. Das Mädchen wies zahlreiche Narben sowie blutunterlaufene Beulen auf; außerdem waren ihm büschelweise Haare ausgerissen worden. Die vier Geschwister des Kindes – so stellte die Polizei fest – waren von der Mutter dagegen gut behandelt worden.

Vernachlässigung. Neunjähriger wird in kalte Kammer gesperrt

In Berlin ist erneut ein Fall von grausamer Kindesvernachlässigung bekannt geworden: Ein neunjähriger Junge wurde in eine ungeheizte Kammer gesperrt, immer wieder geschlagen und nicht ausreichend mit Essen versorgt.

Berlin - Laut Polizei konnte in der Kammer das Fenster nicht geöffnet und das Licht nur von außen eingeschaltet werden. Der Vater einer Klassenkameradin des Neunjährigen hatte von den katastrophalen Zuständen erfahren und die Beamten alarmiert. Die Ermittler befreiten den Jungen aus der Wohnung seiner Mutter und übergaben ihn in die Obhut des Jugendamtes. Die 36-jährige Mutter und ihr 41-jähriger Lebensgefährte wurden von der Polizei befragt und danach wieder auf freien Fuß gesetzt. Gegen das Paar läuft ein Ermittlungsverfahren.

Die sieben weiteren Kinder, die ebenfalls in der Wohnung im Berliner Stadtteil Pankow lebten, wurden den Angaben zufolge von dem Paar normal behandelt. Polizeisprecher Klaus Schubert sagte auf Anfrage, es sei unklar, warum gerade der Neunjährige misshandelt worden sei. Ob der 41-Jährige

der Vater des Jungen ist, war zunächst unklar. Die Schule des Jungen stand seit einiger Zeit in Kontakt mit dem Jugendamt.
In den vergangenen Wochen waren unter anderem in Berlin wiederholt Fälle von Vernachlässigung und Kindesmisshandlung bekannt geworden. In Hamburg hatte der Fall Jessica im vergangenen Jahr für besonderes Entsetzen gesorgt. Das Mädchen war im März 2005 auf qualvolle Weise gestorben. Die Eltern hatten es jahrelang systematisch vernachlässigt und schließlich verhungern lassen.

ARBEITSANREGUNGEN

- Lies die beiden Zeitungsberichte über Kindesmisshandlungen und schreibe auf, was du über die geschilderten Misshandlungen denkst. Begründe deine Meinung.
- An welchen Stellen erkennst du Ähnlichkeiten zu Judiths Situation? Lege eine Tabelle an und vergleiche die beiden Schicksale aus den Zeitungsberichten mit dem von Judith.

Hinweise zum Umgang mit Gewalt

Die im Buch dargestellten Erlebnisse von Judith und Michiel sind harte und schonungslose Beschreibungen von Gewalterfahrungen, Misshandlungen und Vernachlässigungen im eigenen Elternhaus. Wie zahlreiche Zeitungsberichte zeigen, sind diese Probleme nicht frei erfunden, es gibt sie auch im richtigen Leben. Egal, in welcher Form Gewalt auftritt, man kann etwas gegen sie tun. Dafür muss man die Situation aber erst einmal erkennen. Dann ist es wichtig, dass man Hilfe holt oder Hilfe selbst in Anspruch nimmt.

Manche Menschen trauen sich nicht einzugreifen, wenn sie Misshandlungen oder Vernachlässigungen in Familien aus ihrem direkten Umfeld beobachten. Die Angst den Eltern Unrecht zu tun, hindert sie daran. In solchen Fällen sollten das Jugendamt oder Kinderschutzzentren informiert werden. Außenstehende Fachleute können die Situation genau prüfen.

Wenn Menschen Opfer von Gewalt oder Misshandlung geworden sind, schämen sie sich manchmal dafür. Viele geben sich selbst Schuld, weil sie glauben, sich riskant oder auffällig verhalten zu haben oder Fehler gemacht zu haben. Aber niemand kann etwas dafür, Opfer von Gewalt geworden zu sein. Verantwortlich sind allein die Täter.

Deshalb muss auch niemandem eine solch schwierige Lage peinlich sein. Im Gegenteil: Nur wer etwas tut, kann etwas verändern. Zuerst sollte man das Gespräch mit einer vertrauten Person (z. B. jemand aus der Familie, Freunde, Lehrer, vertraute Jugendgruppen,...) suchen.

Man kann sich den Ärger oder die Angst auch bei einem telefonischen Beratungsdienst „von der Seele reden“. Dieses Beratungsangebot kann rund um die Uhr genutzt werden.

Namen werden nicht weitergeleitet, alles wird vertraulich behandelt. Hier kann sich jeder Rat holen, der nicht mehr weiterweiß. Außerdem geben solche Einrichtungen Tipps und Adressen für längerfristige Hilfeprogramme direkt in der Nähe.

Telefonseelsorge in Deutschland (kostenlos):
0800/ 111 0 111 oder 0800/ 111 0 222
Es handelt sich um einheitliche Servicenummern, Anrufe werden automatisch an die nächstgelegene Telefonseelsorge weitergeleitet. (http://www.telefonseelsorge.de/)

Die Nummer gegen Kummer:
0800/ 111 0 333
Kinder und Jugendtelefon:
Montag – Freitag von 15 Uhr – 19 Uhr,
Jugendliche beraten Jugendliche:
Samstag von 14 Uhr – 18 Uhr
(http://www.nummergegenkummer.de/)

ARBEITSANREGUNGEN

- Diskutiert in der Klasse über weitere Möglichkeiten der Hilfe bei Misshandlungen.
- Sprecht darüber, was man tun kann, damit es gar nicht erst zu Misshandlungen kommt bzw. damit sie möglichst früh erkannt werden.

Wege zur Selbstbehauptung – Das Neinsagen lernen

Gewalt hat viele Gesichter. Jemand, der Gewalt ausübt, macht das oft, um sich selbst stark zu fühlen. Junge Menschen, die Gewalt erfahren, sind aufgrund ihrer körperlichen Schwäche und Unterlegenheit oftmals hilflos.
Um Angriffe von stärkeren Tätern zu vermeiden oder aus bestehenden Gewaltstrukturen auszubrechen, können bereits kleine Techniken aus dem Bereich der Selbstverteidigung große Wirkung erzielen. Ziel ist dabei nicht das Erlernen von Kampfsportarten, sondern das Wissen um die eigenen Stärken. Jugendliche, die sich stark und entschlossen zeigen, sind sicherer vor brutalen Übergriffen.
Wichtig ist, die eigenen Gefühle und Bedürfnisse zu erkennen und ernst zu nehmen, vorhandene Stärken und Fähigkeiten bewusst zu machen und sie günstig einzusetzen.
Dazu gehört, den eigenen Körper wertzuschätzen und zu beschützen. Es ist wichtig, zwischen „guten“ und „schlechten“ Berührungen zu unterscheiden. In bestimmten Situationen sollte man auch lernen, zu manchen Aufforderungen von Erwachsenen „Nein“ zu sagen oder sich Hilfe zu holen.
Im Folgenden werden Übungen vorgestellt, die ihr ausprobieren könnt, um euer Selbstbewusstsein und das Neinsagen zu trainieren.

Gedankenexperiment

Ihr setzt euch bequem hin und schließt die Augen. Stellt euch eine Situation vor, in der ihr belästigt, angegriffen oder verletzt werdet. Stellt euch dann vor, wie ihr die Situation so meistert, dass ihr selbst als Sieger hervorgeht. Erst wenn das in der Vorstellung gelungen ist, dürft ihr die Augen öffnen. Tauscht eure Erfahrungen anschließend aus.

Laut gebrüllt!

Stellt euch paarweise gegenüber auf. Erfindet eine Situation, in der ihr euch ungerecht behandelt fühlt. Schlüpft dann alle in die Rolle einer brüllenden Löwin, die ihr Revier verteidigen will. Versucht dabei, das Gegenüber durch besonders lautes Brüllen zu vertreiben.

Auf den ersten Blick

Bildet Tandems. Geht quer durch den Raum, versucht aber, mit eurem Partner Blickkontakt zu halten. Jeweils über eine Minute geht ihr nach wechselnden Anweisungen: mit hochgezogenen Schulter und eingezogenem Kopf, aufrecht, die Arme verschränkt, einen Schirm in der Hand ...

Fass mich nicht an

Zeichne deinen Körperumriss auf ein großes Papier. Zeichne in deinen Körper folgende Bereiche ein: 1. Hier dürfen mich fast alle Menschen berühren. 2. Hier dürfen mich nur mir bekannte Menschen berühren. 3. Hier dürfen mich nur Freunde und Familienangehörige berühren. 4. Hier möchte ich eigentlich gar nicht berührt werden, höchstens von einem Menschen, der mir sehr nahesteht.

ARBEITSANREGUNGEN

- Tauscht euch über die Ergebnisse der Übungen aus.
- Findet weitere Übungen zur Festigung des Selbstbewusstseins.

Kinder haben Rechte

Alle Menschen haben Rechte. Manchmal wird vergessen, dass auch Kinder Rechte haben. Damit diese umfassend berücksichtigt werden, gibt es seit 1989 ein weltweit gültiges Grundgesetz: Die UN-Konvention über die Rechte des Kindes. Die Rechte der Kinder zu verwirklichen, ist Aufgabe von uns allen.

Die Konvention über die Rechte des Kindes
Am 20. November 1989 verabschiedeten die Vereinten Nationen die Konventionen über die Rechte des Kindes. Dieses „Grundgesetz“ der Kinderrechte definiert die weltweit gültigen Eckpunkte einer kindgerechten Gesellschaft. Die Konvention ist weltweit der Maßstab für alle Organisationen und Personen, die sich für Kinder und Jugendliche engagieren. Bis auf die USA und Somalia haben alle Staaten der Welt die Konvention anerkannt.

Den 54 Artikeln der Konvention über die Rechte des Kindes liegt ein historisch neuartiges Verständnis von Kindheit zugrunde. Kinder gelten darin nicht länger als unmündiges Wesen, als „Minder“-jährige, die der Verfügungsgewalt von Erwachsenen unterstehen. Vielmehr ist die Kindheit eine eigenständige Lebensform, auf deren Verwirklichung die Kinder einen Anspruch haben.

Die zehn wichtigsten Regeln:

1. Kein Kind darf wegen seines Geschlechts, seiner Hautfarbe, Sprache oder Religion benachteiligt werden.
2. Jedes Kind hat das Recht auf eine gesunde seelische, geistige und körperliche Entwicklung.
3. Jedes Kind hat das Recht auf Bildung und volle Entfaltung seiner Persönlichkeit.
4. Jedes Kind hat das Recht auf Erholung, Spiel und Freizeit.
5. Jedes Kind hat das Recht sich zu informieren, seine Meinung frei zu äußern und gehört zu werden.
6. Jedes Kind hat das Recht auf eine gewaltfreie Erziehung.
7. Jedes Kind hat das Recht, im Krieg, bei Katastrophen und auf der Flucht besonderen Schutz und Hilfe zu erhalten.
8. Jedes Kind hat das Recht vor ausbeuterischer Arbeit und sexuellem Missbrauch geschützt zu werden.
9. Jedes Kind hat das Recht auf eine elterliche Fürsorge und auf Schutz vor illegaler Adoption und Kinderhandel.
10. Jedes Kind mit Behinderung hat das Recht auf besondere Unterstützung und Förderung und auf eine aktive Teilnahme am gesellschaftlichen Leben.

ARBEITSANREGUNGEN

- Erkläre, was mit der „Konvention über die Rechte des Kindes“ durchgesetzt werden soll.
- Fasse die zehn aufgeführten Rechte in Stichworten zusammen.
- Welche der hier genannten Rechte werden in dem Buch „Eine Brücke für Judith“ nicht eingehalten? Belege deine Auswahl mit passenden Textstellen aus dem Buch.
- Welche der aufgeführten Rechte der Kinder werden in unserer Gesellschaft genau beachtet, welche werden nicht so ernst genommen? Welche werden kaum oder gar nicht berücksichtigt? Stelle deine Ergebnisse in einer Tabelle dar.
- Welche weiteren Rechte, die du für besonders wichtig hältst, vermisst du bei den zehn Regeln?
- Suche nach weiteren Menschenrechten, z. B. im Internet. Dort findest du auch den vollständigen Text der Kinderrechtskonvention, das „Übereinkommen über die Rechte des Kindes vom 20. November 1989“.
- In Deutschland hat das Parlament, der Bundestag, 1992 der Kinderrechtskonvention zugestimmt. Neben den Eltern übernimmt demnach auch der Staat Verantwortung für die Schaffung von positiven Bedingungen für die Entwicklung von Kindern und Jugendlichen. Notiere Lebensbereiche, in denen vorwiegend Eltern Verantwortung gegenüber ihren Kindern haben, und Lebensbereiche, in denen der Staat durch öffentliche Einrichtungen Aufgaben übernimmt bzw. übernehmen muss.

UNICEF: Anwalt der Kinder

UNICEF (= United Nations Children's Fund) ist das Kinderhilfswerk der Vereinten Nationen. UNICEF wurde am 11. Dezember 1946 gegründet. Die heutige Abkürzung UNICEF leitet sich ab von der ausführlichen Bezeichnung United Nations International Children's Emergency Fund. Ursprünglich hatte die Organisation die Aufgabe, vom Zweiten Weltkrieg betroffenen Kindern zu helfen. Inzwischen arbeitet UNICEF weltweit – vor allem in Entwicklungsländern (z.B. Afrika, Asien und Lateinamerika oder Osteuropa) –, um Kinder vor Ausbeutung und Missbrauch zu schützen. Die Organisation setzt sich dafür ein, dass die Rechte der Kinder in allen Ländern der Welt ernst genommen, bekannt gemacht und verwirklicht werden.
Die Generalversammlung der Vereinten Nationen hat UNICEF beauftragt, dafür zu sorgen, dass die Kinderrechte als dauerhafte Grundsätze international gegenüber Kindern durchgesetzt werden. Zusammen mit anderen Organisationen macht UNICEF deshalb auch auf Kinderrechtsverletzungen aufmerksam und versucht sie zu beheben, um eine kinderfreundliche Welt zu schaffen.
Obwohl die meisten Staaten das Abkommen der UN-Konvention unterschrieben haben, halten sich nicht alle daran. Viele Kinder wissen bis heute nicht einmal, welche Rechte sie haben. Das betrifft auch viele Kinder in Deutschland. Nach Angaben von UNICEF sterben allein in den Industrieländern jährlich 3500 Kinder an den Folgen körperlicher Misshandlung und Vernachlässigung. Diese Vorfälle zu verhindern ist unter anderem Aufgabe von UNICEF.
Der UNICEF-Sprecher Rudi Tarneden äußerte sich im Jahr 2005 zum Thema Kindesmisshandlung:

Welche Dimension hat das Problem in Ländern wie Deutschland?

In den Industrieländern sterben jedes Jahr 3500 Kinder unter 15 Jahren an den Folgen körperlicher Vernachlässigung. Jede Woche sind dies allein in Deutschland zwei Todesfälle. Todesfälle sind dramatische und zum Glück selten vorkommende Ereignisse. (...) Nicht-tödliche körperliche und seelische Vernachlässigung und Misshandlungen kommen weit häufiger vor. Sie geschehen aber im Verborgenen, meist in der Familie.

Weil Gewalt und Vernachlässigung von den Menschen ausgehen, denen die Kinder vertrauen, versuchen sie oft aus Selbstschutz, dies als „normal" oder „gerechtfertigt" anzusehen und sprechen nicht mit anderen darüber. Und es ist schwierig, Risikofamilien zu identifizieren. Denn die Zeichen für Vernachlässigung und Gewalt in einer Familie sind nicht einfach zu erkennen.

Kommt das blaue Auge von einem Sturz oder einem Schlag? Ist das Kind verschüchtert, weil es immer angebrüllt wird oder ist es einfach nur ein stilles Kind?

Welche Auswirkungen haben Gewalt und Vernachlässigung auf Kinder?

Die gesamte körperliche und geistige Entwicklung der Kinder wird dadurch massiv beeinträchtigt. Diese Kinder haben Probleme in der Schule, entwickeln kein Vertrauen zu anderen, können oft ihr Leben lang keine stabilen sozialen Beziehungen eingehen. Sie leiden unter Ängsten, De-

pressionen, haben ein vermindertes Selbstwertgefühl. Oft flüchten sie sich später in Alkohol und Drogen.
Übrigens muss man davon ausgehen, dass ein Teil der Erwachsenen, die ihre Kinder vernachlässigen, selbst solche Erfahrungen gemacht hat.

Warum vernachlässigen Eltern ihre Kinder?
Untersuchungen von UNICEF haben gezeigt, dass eine Reihe von Faktoren das Risiko für die Kinder entscheidend prägen: Alkohol- und Drogenmissbrauch, Gewalt zwischen den Eltern sowie Armut und Stress.
Diese Eltern hassen ihre Kinder nicht. Aber sie sind überfordert, haben sich nicht unter Kontrolle, reagieren ihren Frust spontan ab. Oft sind sie psychisch labil. Schwere Misshandlungen kommen auch da besonders oft vor, wo auch leichtere körperliche Gewalt zum Alltag gehört. Die Eltern, die oft schlagen, schlagen am härtesten.

psychisch labil *seelisch nicht gefestigt*

Weitere Faktoren sind Armut, Arbeitslosigkeit, beengte Wohnverhältnisse sowie Gefühle von Ohnmacht und Hoffnungslosigkeit. Die meisten Betroffenen werden trotzdem damit fertig. Aber ein kleiner Teil schafft dies nicht und lässt sich gehen.
Die größte Schwierigkeit besteht darin, diese Risikofamilien frühzeitig ausfindig zu machen und ihnen Hilfsangebote zu machen. Hilfe heißt zum Beispiel Beratung bei Eheproblemen, Erziehungsberatung, Unterstützung bei der Arbeits- und Wohnungssuche. Man kann den Kindern nur helfen, wenn die Eltern zur Zusammenarbeit bewegt werden.

Das Saarland hat eine Bundesratsinitiative gestartet, um die U-Untersuchungen beim Kinderarzt zur Pflicht zu machen. Ist dies ein Weg, die Risikokinder zu erreichen?

Dies ist eine wichtige Initiative. Trotzdem darf nicht der Eindruck entstehen, dass gesetzlicher Zwang allein das Problem lösen kann. Es geht um ein Bündel von Maßnahmen, ein ganzes Netz zum Schutz der Kinder.

So müssen eigentlich alle, die mit Kindern berufsmäßig zu tun haben, geschult sein, Probleme in Familien zu erkennen und die Eltern darauf anzusprechen. Das sind zum Beispiel Kindergärtnerinnen, Lehrer, Sozialarbeiter. Aber auch Nachbarn oder andere Eltern auf dem Spielplatz sollten hinschauen und Hilfe anbieten. (...)

Kinder und Frauenärzte haben aufgrund ihrer Fachkenntnisse eine besondere Bedeutung. So sollten Hebammen und Frauenärzte zum Beispiel drogenabhängige Mütter zur Beratung schicken. Und auch Kinderärzte und Jugendämter müssen enger zusammenarbeiten.

Je früher Probleme erkannt werden, umso größer die Chance, dass Familien geholfen werden kann. Aber die Kapazitäten für diese weitere Hilfe müssen da sein. Wenn man die U-Untersuchungen zur Pflicht machen will, muss auch klar sein, wie dies denn tatsächlich durchgesetzt werden soll. (...)

Kapazitäten *Personen und Mittel zur Durchführung*

Arbeitsanregungen

- Informiere dich im Internet genauer über die Organisation UNICEF: **www.unicef.de**. Erstelle – evtl. in einer Gruppe – ein Poster über die Schwerpunkte der Arbeit von UNICEF.
- Erkundige dich nach weiteren Kinderrechtsorganisationen, die in der näheren Umgebung tätig sind (z.B. Deutscher Kinderschutzbund, Deutsches Kinderhilfswerk, Landesstelle Jugendschutz Niedersachsen, Aktion Jugendschutz). Entwirf ein Plakat, das auf diese Organisationen hinweist.
- Der UNICEF-Sprecher Rudi Tarneden äußert sich in seinem Interview zu der Vernachlässigung und Misshandlung von Kindern. Lege eine Tabelle mit drei Spalten an, in der du seine Aussagen über das Ausmaß, die Folgen und die Ursachen von Kindesmisshandlung einträgst.
- Um sogenannte Risikokinder früher zu erreichen, hat das Saarland bereits getestet, U-Untersuchungen zur Pflicht zu machen. Das sind neun verschiedene Untersuchungen zwischen der Geburt und der Einschulung eines Kindes zwischen dem 5. und 6. Lebensjahr. Hilft dies, die Probleme zu lösen? Was denkst du darüber?
- Lies auch das Interview mit Ursula von der Leyen (S. 226 ff.) und stelle Verbindungen zum Interview mit Rudi Tarneden her. Wo gibt es Überschneidungen oder Gemeinsamkeiten?

Frankfurter Allgemeine Zeitung: Interview mit Bundesfamilienministerin Ursula von der Leyen

Nachdem in den Medien immer häufiger von Kindesmisshandlungen berichtet wird, benennt die Deutsche Kinderhilfe die aktuelle Situation als „Nationale Katastrophe". Die Bundesfamilienministerin Ursula von der Leyen will diese Entwicklung stoppen und die Vernachlässigung von Kindern durch ein neues Frühwarnsystem verhindern. Im folgenden Interview formuliert sie ihre Sichtweisen und nennt Gründe für ihr Vorhaben.

F.A.Z: (...) Sind die Fälle von Kindesmißhandlungen in Deutschland mehr geworden, oder werden wir nur mehr auf sie gestoßen?

Ursula von der Leyen: Wir haben sicherlich eine erhöhte Aufmerksamkeit für diese Fälle. Aber: Sie nehmen doch leicht zu, weil sich unsere Gesellschaft in einer Umbruchsituation befindet. Die ursprünglichen Schutznetze, die Großfamilie, die Dorfstrukturen, die Nachbarschaft, aber auch die Kirche sind nicht mehr selbstverständlich vorhanden. Uns ist es jedoch noch nicht gelungen, in modernen Zeiten verläßliche Netzwerke um die Familien herum zu bilden.

F.A.Z: Sie wollen mit einem Frühwarnsystem verhindern, daß noch mehr Kinder mißhandelt werden. (...) Warum wird es aber erst umgesetzt, wenn wieder ein Kind gestorben ist?
Ursula von der Leyen: Es mußten viele verschiedene Akteure an einen Tisch gebracht werden. Von Kommunen und Ländern über Geburtshilfe, Hebammen, Kinderärzte und Kinderpsychiater bis zur Jugendhilfe, zu Jugendämtern und Kindergärten. Mein Drängen in den vergangenen Monaten war, daß wir diese Akteure miteinander so vernetzen, daß es keine Lücke mehr in der Verantwortlichkeit geben kann. Denn aus Sicht des Kindes arbeiten sie zu wenig abgestimmt. (...) Und wir mußten uns fragen, wie wir diese Problemfamilien früh genug finden. Meine Antwort darauf ist: Wir finden sie bei der Geburt. Jede werdende Mutter nutzt das Gesundheitswesen, damit ihr bei Schwangerschaft und Geburt geholfen wird. (...) Mein Hauptanliegen ist, vom Kind her zu denken – und zwar vom Lebensanfang an.

F.A.Z: In dem Frühwarnsystem spielen die Hebammen eine wichtige Rolle, die Kinderärzte...
Ursula von der Leyen: ... am Anfang sind es vor allem die Geburtshelfer. Aus meiner früheren Arbeit in der Gynäkologie weiß ich, wie intensiv und offen die Beziehungen zwischen einer Schwangeren und den Geburtshelfern sind. Das ist ein ganz wichtiger Zugang, um Vertrauen zu schaffen und bei den jungen Müttern das Verständnis zu wecken, daß wir ihnen helfen und sie nicht stigmatisieren wollen. (...) Grundsätzlich wollen junge Menschen, die Kinder erwarten, gute Eltern werden. Die große Mehrheit kommt auch mit ihren Kindern zurecht. (...) Das Angebot der Schwangerschaftsvorsorge und -nachsorge wird ja auch gut angenommen.

Gynäkologie *Frauenheilkunde*

stigmatisieren *negativ kennzeichnen*

F.A.Z: Was spricht noch gegen Pflichtuntersuchungen?
Ursula von der Leyen: Eine Pflichtuntersuchung hieße, daß die Eltern und Kinder die einzige Gruppe von Menschen in Deutschland wären, die gesetzlich gezwungen würde, zum Arzt zu gehen. Dagegen gibt es verfassungsrechtliche Bedenken. (...) Die richtig schwierigen Eltern erreicht man ohnehin nicht mit einer Pflichtuntersuchung. Es geht doch um den Alltag von Kindern. Der ist mehr als eine Kinderarzt-Untersuchung. Die Kinder müssen tagsüber raus aus der Familie, sie müssen andere Kinder erleben und weg vom Fernseher. Die Eltern müssen in Arbeit gebracht werden, damit sie auch wieder soziale Kontakte aufbauen können und ihre ganzen Aggressionen nicht gegen das Kind entladen. (...)

F.A.Z: Zum Schutze des Kindes vor seiner Familie – sollten Kinderrechte Verfassungsrang bekommen?
Ursula von der Leyen: Es geht nicht in erster Linie darum, Kinder gegen ihre Eltern zu stellen, sondern darum, Kinder und Eltern auch in ihrer Beziehung zueinander zu schützen und zu stärken. Wir müssen in der Tat darüber diskutieren, Kinderrechte in die Verfassung aufzunehmen. (...) Der Staat hat wie die Eltern gegenüber den Kindern eine besondere Schutz- und Förderfunktion. Dies wird ein wichtiger, gesamtgesellschaftlicher Diskussionsprozeß werden. Aber ich bin der Meinung, daß die Zeit dafür reif ist.

(Der Text ist aus lizenzrechtlichen Gründen in alter Rechtschreibung abgedruckt.)

Arbeitsanregungen

- In dem Interview erklärt Ursula von der Leyen ihr Vorhaben zu neuen Frühwarnsystemen. Gib stichwortartig das Hauptanliegen der Bundesfamilienministerin wieder.
- Nenne Vor- und Nachteile für das geschilderte Programm und nimm anschließend Stellung dazu.
- Neben den empfohlenen Untersuchungen im frühen Kindesalter (U1 – U9) bieten Kinderärzte die freiwillige Untersuchung J1 an. Es handelt sich hierbei um eine Vorsorgeuntersuchung für Jugendliche im Alter von 14 Jahren. Sie bietet den Eltern letztmalig die Gelegenheit, den allgemeinen Gesundheits- und Entwicklungsstand der Kinder vom Arzt überprüfen zu lassen. Was ist deine Meinung zu dieser Untersuchung? Sollte sie verbindlich gemacht werden? Was hätte diese Untersuchung im Falle von Judith gebracht?
- Informiere dich über bereits laufende Programme der Frühwarnsysteme, z.B. „Pro Kind“ in Niedersachsen und „Guter Start ins Kinderleben“ in Baden-Württemberg, Bayern, Thüringen und Rheinland-Pfalz.

Hilfe statt Gewalt

ARBEITSANREGUNGEN

- Beschreibe das Bild möglichst genau.
- Finde einen anderen passenden Titel zum Bild.
- Warum trägt das Mädchen auf dem Bild einen Betonmantel in Form eines Sitzes?
- Zeichne eine große Gedankenblase auf ein Blatt Papier und schreibe dort hinein, was das Mädchen denken könnte.
- Inwiefern passt das Bild zu Judiths Situation?

Suzanne Vega: Luka

My name is Luka
I live on the second floor
I live upstairs from you
Yes I think you' ve seen me before.
If you hear something late at night
Some kind of trouble, some kind of fight
Just don't ask me what it was
Just don't ask me what it was
Just don't ask me what it was.
I think it's because I'm clumsy
I try not to talk too loud
Maybe it's because I'm crazy
I try not to act too proud.
They only hit until you cry
And after that you don't ask why
You just don't argue anymore
You just don't argue anymore
You just don't argue anymore.

Yes I think I'm okay
I walked into the door again
Well, if you ask that's what I'll say
And it's not your business anyway
I guess I'd like to be alone
With nothing broken, nothing thrown
Just don't ask me how I am
Just don't ask me how I am.

ARBEITSANREGUNGEN

- Übersetze den Songtext und beschreibe die Stimmung und Atmosphäre, die hier zum Ausdruck gebracht wird.
- In welcher Verfassung befindet sich Luka beim Erzählen? Zu wem spricht sie wohl?
- Luka berichtet über ihre Erfahrungen nur sehr verschlüsselt. Stell dir vor, du sollst über die Ereignisse einen Zeitungsbericht verfassen. Schreibe einen solchen sachlichen und präzisen Bericht.
- Welche Parallelen erkennst du zu Judiths Situation?
- Besorgt in der Klasse die CD von Suzanne Vega und hört euch den Song gemeinsam an.

Sie nannten mich „Es"

Der folgende Text ist ein Auszug aus dem gleichnamigen Buch von Dave Pelzer. Der Autor erzählt die Geschichte seiner eigenen Kindesmisshandlung. Jahrelang wird er von seiner Mutter brutal zugerichtet und in grausamen „Spielchen" beinahe umgebracht. Das Buch basiert auf seinen persönlichen Erlebnissen zwischen seinem vierten und zwölften Lebensjahr.

5. März 1973, Daly City, Kalifornien. Ich bin spät dran. Ich muss den Abwasch rechtzeitig fertig haben, sonst gibt's kein Frühstück. Und weil ich gestern Abend kein Abendbrot bekommen habe, muss ich sehen, dass ich etwas zu essen kriege. (...) Ich höre, wie sie über den Flur in Richtung Küche eilt, und tauche die Hände schnell wieder in das kochend heiße Spülwasser – doch zu spät. Sie hat gesehen, dass ich die Hände nicht im Wasser hatte.
KLATSCH! Mutter verpasst mir eine Ohrfeige und ich lasse mich auf den Boden fallen. Ich weiß, dass es nichts bringt, dazustehen und den Schlag einfach so hinzunehmen. Durch leidvolle Erfahrung habe ich gelernt, dass sie darin eine Trotzhandlung sieht, was bedeutet, dass ich noch mehr Schläge oder, das Schlimmste von allem, kein Essen bekomme. Ich rappele mich wieder auf und weiche ihren Blicken aus, während sie mich anschreit. Ich tue so, als sei ich eingeschüchtert und nicke zu ihren Drohungen. „Bitte", flehe ich stumm, „gib mir nur etwas zu essen. Schlag mich, aber lass mich nicht hungern." Sie schlägt noch einmal zu und ich knalle mit dem Kopf gegen die gekachelte Arbeitsfläche. Ich lasse Tränen vermeintlicher Unterwerfung über mein Gesicht kullern und sie stürmt, offenbar zufrieden mit sich, aus der Küche. (...) Der Trick hat funktioniert. Mutter kann mich schlagen, so viel sie will, aber sie kann

meinen Willen, irgendwie zu überleben, nicht brechen. Ich erledige den Abwasch und dann meine anderen Aufgaben. Zur Belohnung bekomme ich ein Frühstück – das, was einer meiner Brüder von seinen Frühstückscerealien übrig gelassen hat. (...) Mutter liebt es, Essen als Waffe einzusetzen. Sie ist nicht so dumm, Essensreste in den Mülleimer zu werfen. Sie weiß, dass ich sie später wieder raushole. Mutter kennt die meisten meiner Tricks.

Frühstückscerealien *Cornflakes, Müsli o. Ä.*

Minuten später sitze ich im alten Kombi der Familie. Weil ich mit meinen Verrichtungen so spät fertig geworden bin, muss Mutter mich zur Schule fahren. Normalerweise renne ich zur Schule und schaffe es gerade noch, zum Unterrichtsbeginn da zu sein, sodass mir keine Zeit bleibt, etwas aus den Lunchboxen der anderen Kinder zu stehlen. (...)

Weil ich zu spät gekommen bin, muss ich mich im Sekretariat melden. (...) Augenblicke später kommt die Schulkrankenschwester und führt mich in ihr Büro, wo wir unsere Routineprozedur durchlaufen. Zuerst untersucht sie mein Gesicht und meine Arme. „Was ist denn das da über deinem Auge?“, fragt sie. Ich senke verschämt den Kopf. „Ach, ich bin gegen die Schultür gerannt ... aus Versehen.“

Routineprozedur *gewohnheitsmäßiges Verfahren*

Sie lächelt und nimmt ein Klemmblatt von einem Schrank. Sie überfliegt ein oder zwei Seiten und beugt sich anschließend zu mir hinunter, um mir eine Eintragung zu zeigen. „Hier.“ Sie zeigt auf das Blatt. „Das hast du letzten Montag auch gesagt.“ (...)

Ich erzähle schnell eine andere Geschichte. „Ich hab Baseball gespielt und den Schläger an den Kopf gekriegt. Es war ein Unfall.“ Ein Unfall. Das soll ich immer sagen. Doch die Krankenschwester weiß es besser. Sie bearbeitet mich so lange, bis ich mit der Wahrheit herausrücke. Am Ende werde ich immer weich und gestehe alles, auch wenn ich das Gefühl habe, dass ich meine Mutter schützen sollte.

Die Krankenschwester sagt, dass die Wunde wieder heilen wird und bittet mich, meine Kleider auszuziehen. Da ich diese Prozedur bereits zur Genüge kenne, gehorche ich sofort. Mein langärmeliges T-Shirt hat mehr Löcher als ein Schweizer Käse. Seit zwei Jahren trage ich es tagein, tagaus. Mutter zwingt mich dazu. Es ist ihre Art, mich zu demütigen. Mit meiner Hose sieht's auch nicht besser aus und bei meinen Schuhen schauen die Zehen heraus. (...) Während ich nur in Unterwäsche dastehe, notiert sich die Krankenschwester die verschiedenen Schrammen und blauen Flecken, die ich habe, auf einem Blatt. Sie zählt die Wunden in meinem Gesicht, um festzustellen, ob ihr zuvor vielleicht welche entgangen sein könnten. Sie ist sehr gründlich. Als Nächstes öffnet die Krankenschwester meinen Mund, um sich meine Zähne anzuschauen. Sie sind abgebrochen, als Mutter mich in der Küche mit dem Kopf gegen die Arbeitsfläche gestoßen hat. Sie wirft noch ein paar Notizen aufs Papier. Als sie mich weiter untersucht, hält sie an der alten Narbe auf meinem Bauch inne. „Und das", sagt sie, „ist die Stelle, an der sie dir mit einem Messer in den Bauch gestochen hat?"

„Ja, Ma'am", antworte ich. (...) Die Krankenschwester muss die Sorge in meinen Augen gesehen haben. Sie legt das Klemmbrett weg und nimmt mich in die Arme. „Gott", denke ich, „sie ist so warm." Ich möchte, dass sie mich nie mehr loslässt. Ich möchte für immer von ihr gehalten werden. Ich kneife die Augen zu, und für einige Augenblicke existiert nichts anderes. Sie tätschelt mir den Kopf. Ich zucke zusammen. Die dicke Beule, die ich mir heute Morgen geholt habe, schmerzt. Die Krankenschwester lässt mich schließlich los und verlässt das Zimmer. Ich schlüpfe rasch wieder in meine Kleider. (...)

Als sie die Tür öffnet, traue ich meinen Augen kaum. Vor

mir sitzen mein Klassenlehrer, Mr. Ziegler, meine Mathematiklehrerin Miss Woods, die Schulkrankenschwester, Mr. Hansen, der Direktor (geändert d. S.D.) und ein Polizist. Ich erstarre zur Salzsäule. Ich weiß nicht, ob ich wegrennen oder darauf hoffen soll, dass sich der Boden unter mir auftut. (...)
Der Polizist erklärt, warum Mr. Hansen ihn angerufen hat. Am liebsten würde ich mich in den hintersten Winkel des Zimmers verkriechen. Der Polizist fordert mich auf, ihm von Mutter zu erzählen. (...) Ich hole tief Luft, ringe die Hände und erzähle ihnen von Mutter und mir. Dann zwingt mich die Krankenschwester dazu, aufzustehen und dem Polizisten die Narbe auf meinem Oberbauch zu zeigen. Ohne zu zögern, erzähle ich ihnen, dass es ein Unfall war. (...)
Der Polizist tippt mir auf die Schulter und sagt mir, dass alles gut werden wird. Als er mit mir die Straße hinauffährt und wir die Thomas-Edison-Grundschule hinter uns lassen, sehe ich einige Kinder, die mir erschrocken hinterherstarren. (...)
Nach ein paar Minuten erreichen wir die Polizeiwache von Daly City. (...) Er fragt mich noch einmal nach meiner Telefonnummer. „Warum?“ jammere ich. „Ich muss sie anrufen, David“, sagt er sanft. „Nein!“, wehre ich mich. (...) „Sie darf nicht herauskriegen, dass ich Ihnen alles gesagt habe!“ (...)
Der Polizist bedeutet mir, einen Schritt zurückzutreten und holt tief Luft, bevor er sagt: „Mrs. Pelzer, hier spricht Officer Smith von der Polizeiwache von Daly City. Ihr Sohn David kommt heute nicht nach Hause. Wir übergeben Ihn der Obhut des Jugendamts in San Mateo. Wenn Sie irgendwelche Fragen haben, können Sie dort anrufen.“ Er legt auf und lächelt. „Das war doch gar nicht so schlimm, oder?“,

sagt er zu mir. Doch sein Gesichtsausdruck spricht Bände. Er beschwichtigt eher sich selbst als mich.
Nach ein paar Meilen sind wir auf dem Highway und nähern uns der Stadtgrenze von Daly City. Ich schaue aus dem Seitenfenster und lese auf dem Schild „DER SCHÖNSTE HIGHWAY DER WELT“. Der Polizist lächelt erleichtert, als wir die Stadt hinter uns gelassen haben. „David Pelzer“, sagt er, „du bist frei.“ (...) Ich lehne mich in meinem Sitz zurück. Die Sonne blendet mich. Ich wende mich ab und mir läuft eine Träne die Wange hinunter. „Ich bin frei?“

Arbeitsanregungen: siehe S. 238

ARBEITSANREGUNGEN

- Schildere mit eigenen Worten, was Dave zu Hause erlebt. Welche Arten von Bestrafung muss er über sich ergehen lassen?
- Als Dave von der Krankenschwester in den Arm genommen wird, fühlt er sich plötzlich sehr wohl. Was ist wohl der Grund dafür?
- Welche Übereinstimmungen mit Dave erkennst du in Judiths Situation?
- Im Gegensatz zu Judith entscheidet sich Dave nicht freiwillig für ein Entkommen aus seinem Elternhaus. Wer wird auf die Misshandlungen aufmerksam und welche Institutionen arbeiten zusammen, um Dave zu retten?
- Welche Ursachen für Kindesmisshandlungen im Elternhaus kannst du benennen?
- Betrachte die unten stehende Grafik über Bedürfnisse von Kindern und interpretiere sie. Finde auch eine passende Überschrift.

Institution *Einrichtung*

interpretieren *deuten*

Textquellen

Seite 208: Die Autorin Anke de Vries. (Originaltext)

Seite 209-211: Was ist Kindesmisshandlung? (Originaltext)

Seite 212: Mädchen musste aus Hundenapf essen. Zeitungsbericht entnommen aus: Kinderschutz-Zentrum Berlin (Hg.): Kindesmisshandlung. Erkennen und Helfen. Berlin 2000. 9. Aufl. S. 11.

Seite 212-213: Vernachlässigung. Neunjähriger wird in kalte Kammer gesperrt. Meldung vom 13.01.2006. Aus: http://www.spiegel.de

Seite 214-215: Hinweise zum Umgang mit Gewalt (Originaltext)

Seite 216-217: Wege zur Selbstbehauptung – Das Neinsagen lernen (Originaltext)

Seite 218-219: Kinder haben Rechte. UNICEF. Kinderhilfswerk der Vereinten Nationen: Informationen – Geschichte und Aufgaben von UNICEF – Für die Kinder der Welt. Bereich Grundsatz und Information.

Seite 221: UNICEF: Anwalt der Kinder (Originaltext)

Seite 222-224: Ein Interview mit dem UNICEF-Sprecher Rudi Tarneden zum Thema Kindesmisshandlung. Meldung vom 29.12.2005. Aus: http://www.unicef.de/index.php?id=3181

Seite 226-228: Cornelia von Wrangel: Ursula von der Leyen im Interview mit der Frankfurter Allgemeinen Sonntagszeitung. Meldung vom 15.10.2006. Aus: www.bmfsfj.de/

Seite 231: Suzanne Vega: Luka. © AGF Music Ltd. Waifersongs Ltd. Für D/A/CH/osteuropäische Länder: Neue Welt Musikverlag GmbH, Hamburg.

Seite 233-237: Pelzer, Dave: Sie nannten mich „Es“. Der Mut eines Kindes zu überleben. München 2000, S. 11-21.

Bildquellen

Seite 208: o. N.

Seite 222: picture-alliance/dpa/Steffen Kugler.

Seite 226: Keystone.

Seite 230: Deutscher Kinderschutzbund, Hannover.

Seite 232: picture-alliance/dpa/PA Yui Mok.